菌とともに生きる

発酵暮らし

山田奈美

家の光協会

はじめに

東京で生活し、出版業界で昼夜の別なく働いていた私が、どうして今のような暮らしをするようになったのか。よく聞かれます。明確な答えはないのですが、何も突然ふって湧いたわけではなく、これまでのすべての〝点〟と〝点〟がつながって〝線〟になり、今の暮らしにたどり着いたように思います。

最初の〝点〟は、やはり畑や田んぼの中で育った子ども時代にさかのぼります。ひと昔前はみんなそうだったと思いますが、野菜やお米はできるだけ自給し、ぬか漬けや梅干し、味噌や季節の漬け物なども、買うより手作りするのが当たり前。そうした環境で育ったことが、今の私の土台となっていることは間違いありません。

２つ目の〝点〟は、薬膳の師匠である武鈴子先生に出会ったこと。「和食こそ日本人にとっての薬になる食事」という先生の教えに触れ、先生のもとで学ぶうちに、恥ずかしながら上京して一人暮らしをする中で、乱れに乱れていた食生活を見直そう、まずは子ども時代にならって自分で野菜を作ろう！　と思い至ったのです。都会に暮らしながらも、自分で野菜を作ろうと考えるのは、やはり幼い頃の影響が大きいのでしょうね。加えて、何ごとも一から自分の手で作ってみなければ気が済まないという厄介な性格で。畑しごとからぬか漬けや梅干し、味噌造りと発酵食品作りが始まったわけですから、これも今につながる大きな一歩だったわけです。

３つ目の〝点〟は、編集・ライターという仕事を通して、その道の第一人者と呼ばれるさまざまな方々から直接お話を伺えたこと。環境問題や健康法、美容法、現代の最新医療にホリスティック医療など分野は多岐にわたりますが、その一つ一つのお話が私の引き出しに詰め込まれ、肥やしとなっていきました。そして、その一つ一つのお話は、私の行動を変えるのに十分な説得力を持っていました。たとえば、合成洗剤がいかに環境を汚すのか、経皮吸収されて体にどんな影響を与えるのか。そんな話を聞いて使い続けられるでしょうか。いくら不便だろうとすぐに使用するのをやめました。もう20年以上前のことです。当時から食や環境の問題について書かれた新聞記事などをたくさんスクラップしていましたから、〝なんとかしたい〟〝暮らし方を変えなければ〟という熱い思いが渦巻いていたようです。

そして、最も大きな〝点〟は、２０１１年の東日本大震災でした。これまでの消費一辺倒の暮らし、経済成長を追い求める競争社会の限界を感じ、あぁ、このままではいけないなと多くの人が実感したのではないでしょうか。近くのスーパーの棚から食品がなくなったのを見て、これからは自分で食べるものは自分で作ることができるようにならなければいけない。エネルギーの負担を減らし、消費より生産することを考えたいと強く決意しました。ちょうど結婚を機に、東京から葉山に移り住んでまもなくのことでした。福島第一原発から噴煙が上がる映像を見てテレビを消し、40、50分かけて歩いて畑に行き、主人と新たに苗を植えたことを思い出します。

それからまもなく息子を出産し、ますます自給自足的な自然に寄り添う暮らしにシフトしていきました。これまでの〝点〟が一本の〝線〟になったのです。畑を耕し、田んぼをお手伝いし、菌の力を借りて味噌も醤油も麹も、そのほかの調味料も何でも作り出す。実はこれ、子どもの頃に経験してきた、おばあちゃんたちの暮らしにならっただけなのでしょうね。結局はそこに戻るのだと思います。自給自足的で持続的な菌や自然とともにある暮らし。今の世の中が探し求めている未来の姿は、そこにあるのではないでしょうか。

とかく菌は悪者にされることも多い現在ですが、本来、菌とともにある暮らしは健やかです。おかしな菌だけが暴走することなく、多様な菌が互いに抑制しあい、バランスを取りあっている。それが自然界の掟《おきて》だと思いますが、今は抗菌・消毒ばかりが励行され、化学物質にまみれ、菌のご機嫌は悪くなる一方ではないでしょうか。菌の暮らしやすい環境があってこそ、発酵食品はおいしくなり、ともに暮らす人々の健康も守られるのだと思います。

コロナ禍でこれまでの価値観が揺らぎ、本当に豊かな暮らしとは何かということを考えている人が増えているように思います。答えは一つではないですし、私などはまだまだひよっこですが、それでも教室に来てくださったり、はかり売りの店「たたき」に買い物に来てくださったりして、私たちの暮らしの一端に触れることで、何かを感じ取ってくださる方はたくさんいます。同じようにこの本が、誰かの暮らしや菌との付き合い方が変わるきっかけになり、それが積み重なって未来を変える一つ一つのピースになっていけば嬉しいなぁと思います。

２０２１年初夏　山田奈美

目次

3「基本の調味料は手作り」

4「我が家の健康の要」

［この本のお約束］

・1カップは200㎖、大さじ1は15㎖、小さじ1は5㎖です。
・オーブン、オーブントースターの焼き時間は目安です。
機種によって違いがあるので、様子を見ながら加減してください。

2012 大ちゃん梅干し
誕生日に 1 粒ずつ
100歳になるまで
びわの葉エキス

1

「我が家の食卓
毎日、発酵ごはん」

毎日の定番ごはん

主人も私も自営業の我が家は、毎日3回の食事をほぼ自宅でいただきます。朝晩は子どもと3人で、昼は主人と2人だったり、教室の生徒さんや取材に来られた方々と食卓を囲んだりといろいろですが、毎日のごはんの基本は、発酵食品や旬の素材をたっぷり使った和食。これは何があっても変わることのない定番です。ごはんに味噌汁、季節のさまざまなお漬け物に納豆、野菜の副菜にボリュームのあるお魚やお肉の主菜。こんな組み合わせのものが、毎日飽きもせず食卓に並びます。

決して華やかでもなければ珍しいものでもありませんが、不思議なほど飽きることはありません。その理由は、やっぱり私たち日本人の体に合っているから。四方を海に囲まれ、山や森、川も多い日本は湿度が高く、体の中にも余分な水分がとどこおりやすくなります。そのため、湿気を苦手とする胃は働きが悪くなり、消化力の低い人がとても多いのです。消化に負担をかけず、胃腸の働きを助けてくれるのが、ごはんや味噌汁、漬け物、野菜の副菜に魚といった、昔ながらの和食です。消化に時間のかかる肉類や脂肪分が少なく、反対に発酵食品や食物繊維が豊富で腸内環境を整えてくれます。和食なら無理なくおいしく食べられるから、飽きないというより体が求めてしまうわけです。

そしてまた、そのときそのときの季節のものをいただいていることも飽きない理由。旬のものを食べることで、四季の変化がダイレクトに味わえます。自然を最も身近に感じられるのが旬の食べ物なのですね。たとえば、同じおひたしでも素材によって全然違います。冬の寒さが厳しくなってから収穫したほうれん草の甘いこと。これにあれこれ手を加えるなんてもったいない。根っこごとさっとゆでてしょうがをきかせただし醤油でシンプルにいただきます。冬の寒さを乗り越えてようやく実をつけた春一番のきぬさやを口にしたときの、なんともフレッシュなみずみずしさ。これもしゃきっと固めにゆでておひたしにすれば、冬の青菜のおひたしとはまた別物になります。

たしかに一年中きゅうりやトマトが並んでいたら、飽きてしまうかもしれません。でも、旬の野菜のおいしさ、力強さ、そして移ろいゆくはかなさ。そういうものを噛み締めていれば、どんなに同じようなメニューだろうと、決して飽きることなどないのですね。我が家は毎日、発酵食品たっぷりの季節の和食。これはこれからもずっと変わることのない基本のごはんです。

発酵食品にまみれて

和食中心の我が家の食卓に、発酵食品がのぼらない日はありません。自家製の味噌や醤油などの調味料はもちろん、一年中何かしらの漬け物を作っています。

春、真っ先に作るのは、裏庭で採れるふきのとうを使ったふき味噌。砂糖は使わず、みりんと自家製の味噌で作ります。春キャベツが出てきたら塩漬けに。しっかり乳酸発酵して酸味の出てくる1カ月後ぐらいが好みの食べ頃。木の芽どきの柿の葉寿司も欠かせません。鯵《あじ》や鯖《さば》などの青背の魚を、柿の葉で包んで発酵させたなれ寿司の一種で、発酵した魚でしか味わえないふくよかなうま味がやみつきになります。夏はなすと赤じそと塩だけで乳酸発酵させる、色鮮やかなしば漬けに、きゅうりのパリパリ醤油漬け。秋は青唐辛子の酢漬けにきのこの醤油漬け。冬は漬け物天国で、白菜漬けにべったら漬け、キムチにたくあん、千枚漬け。そのほか年間を通してぬか漬けと、とにかく一年中発酵食品にまみれています。

そんなにたくさん作るの大変じゃない？　忙しいんじゃない？　と、よく聞かれますが、大変だとか面倒くさいと思ったことは一度もなくて。むしろ季節のお漬け物を作ることで、自然界のリズムと体のリズムが調和する感じが心地よいのです。ふきのとうが出るのはほんの短い間だけですし、梅の実もあっという間に落ちてしまう。自然はどんなにこちらが忙しくても待ってはくれないですから、おのずと体を自然のリズムに合わせるしかありません。それが心地よいのでしょうね。旬の食材と向き合って、一人静かにひたすらしその葉をむしったり、梅の実のヘタを取ったり、そういう無心になれる時間も好きなのです。

そして、季節の発酵食品の漬け物があると、何より食事が楽になります。朝ごはんは、ごはんとお味噌汁と漬け物があればそれで十分。夕食も一品助かります。仕込みの時間はわずかでも、微生物たちの発酵の力でおいしく変化させてくれるのですから、忙しい人やお料理が苦手な人ほど季節のお漬け物を作るといいと思います。

言うまでもなく発酵食品があれば体も整います。植物性の乳酸菌は、酸性の強い胃酸の中もすり抜けて腸内まで届き、腸内環境を整えてくれます。乳酸菌は腸内の免疫細胞を刺激して免疫力強化にもつながります。発酵食品にたっぷり含まれる酵素は、消化も助けてくれるので、胃腸の弱い日本人には心強い存在です。発酵食品にまみれて暮らす。なんといってもこれが我が家の健康の秘訣《ひけつ》です。

日々家族でキッチンに立つ

我が家の中心はキッチン。決して広くはない昭和感漂うキッチンなのですが、日々家族が集い、1日のうちで最も長く一緒に過ごす場所でもあります。台所しごとには手を出さない男性がいたり、子どもに料理をさせるのは危ないし、後片付けも大変だったりするから、キッチンに夫や子どもが入らない家庭もあるかもしれません。でも、家族みんなでやったら負担も減りますし、何より楽しいと思います。

朝は朝ごはん作りにお弁当作りと大忙しですから、キッチンにあるダイニングテーブル兼調理台で朝ごはん。息子の大地が小学校から帰ってくると、一緒におやつを作ったり、夕食の準備の時間になれば、主人も一緒に夕ごはん作り。テーブルの片隅をワークスペースにして大地はお絵描き。我が家にはテレビやゲームなどの娯楽がないうえ、主人と2人で夜はキッチンにこもってしまうので、一緒に過ごしたくてダイニングテーブルでできるお絵描きが習慣になったのかもしれません。余談ですが、毎日描いていれば上達しないわけがありません。今や大人もおっと驚くような独特の絵を描くようになりました。

夕食は、主人と日本酒で乾杯をしてから料理に取りかかります。「今日は何作ろうか」「あれ作ってみたいな」などと相談しながら、ときには大地も「僕、卵料理作る！」などと作戦会議に参加して、「どんなお皿に盛り付けようかな」「新しい料理に挑戦してみたいな」などと、それぞれが知恵を絞る、それはクリエイティブな時間です。夕食作りの時間は、私にとっては１日の仕事を終えて頭を切り替えるリフレッシュの時間でもあるのです。

料理は「やらなきゃいけない」ものではなく、ワクワクする楽しいもの。いくらでも想像力を膨らませられるものです。気持ちしだいですから、楽しんでしまえばいいと思います。どんなシンプルな料理だってワクワクはつくれます。きのこのお味噌汁に菊花を散らしてみてください。ただそれだけで「わー、きれい！」って気分を盛り上げることができると思います。料理ってそういうちょっとしたことでワクワクが生み出せるもの。そのワクワクの繰り返しこそ、充実した毎日をつくっていくのではないでしょうか。

畑や田んぼから食卓に

レンゲの花の咲き乱れる田んぼで日暮れまで遊び、もぎたてのきゅうりやトマトをおやつ代わりにかじる。子どもの頃から田畑に囲まれた自然豊かな環境で育った経験は、料理に携わる今の私の原点です。

実家の浜松を離れ、東京で一人暮らしをするようになってからも、新鮮でおいしい野菜を求める気持ちは強く、自然食品店や農家さんの直売所などをめぐっては有機野菜を探し求めていた時期も。小さな区民農園を借りて、野菜を育て始めたのが30歳になる頃。主人と出会ったのも畑がきっかけでした。そして、結婚して葉山に引っ越してからは、本格的に大きな畑を借り、できるだけ自分たちで作るようになりました。お米も取れる量はわずかですが、葉山にある棚田をお手伝いしています。

もちろんプロの農家さんのようにはいきません。玉ねぎは大きくならないし、キャベツや白菜は結球しなかったりと、いまだ技術は未熟です。でも、農薬や化学肥料、消毒剤や殺菌剤などを使わない健康な土と雨水だけで育った元気な野菜は、味が濃く甘く、生命力が違います。のびやかな味がして、えぐみが少なく、芯や根っこ、外葉が甘いのです。息子の大地は、野菜の芯を好んで食べますが、芯が一番甘いことを知っているんですね。そういう野菜は洗っているだけで指先から気が入ってくる気がして、口にすれば生き生きしたエネルギーが体の中に充満してくる感じがします。

料理の良し悪しって技術じゃなくて、私は何よりも素材だと思っています。先日、伊勢海老や数種類の魚の出汁《だし》で濃厚なブイヤベースを作り、そのスープでパスタを作りました。パスタの上には畑で取れたばかりのそらまめやきぬさやを塩茹でしたものをトッピングしたのですが、濃厚なスープをまとったパスタよりも、野菜のほうが断然おいしい！　畑から直送の野菜の甘さやみずみずしさにはかなわなかったのです。

元気な野菜なら、たいして手をかけなくてもおいしくなります。うま味はすでに食材の中にあるのですね。料理が大変だと思うのなら、まずはおいしい野菜を手に入れてほしいと思います。それといい塩や味噌などの本物の調味料があれば、それだけでごちそうになります。時短や手抜きをしたいのなら、よい素材を手に入れることが最も近道だと思います。

STAUB

お母さんは家庭の食医

「今日は何作ろうかな」と、献立を考えるときに何を基準にするでしょうか。食材は何が残っているかなとか、何が安く買えるかな、ということも一つの基準になるかと思います。

でも、大事なのは、自分や家族の体が何を求めているかということ。

たとえば、夏の暑さで家族の食欲が落ちているなぁと感じたとき。きゅうりのごま酢和えや、トマトのマリネなどの夏野菜を使った料理で体のほてりを取るようにします。同時に、体を冷やすものを取りすぎると消化不良や胃もたれを起こし、いっそう食欲が落ちて夏バテにつながるので、きゅうりにはしょうがを隠し味に加えたり、トマトにはたっぷりのしそをのせたりして、胃腸を温める食材を組み合わせるようにします。麦めしに山芋のとろろをかけた麦とろは、食欲がなくてもスルッと食べられて消化を助けてくれるので夏バテには最適です。

難しい理論はわからなくても、外食続きで胃腸が疲れているから消化のいいものにしようとか、汗をいっぱいかいたから、ミネラルの多い野菜を使って少し塩をきかせようとか、家族や自分がどんな1日を過ごし、何を求めているのか、よーく観察するところから献立作りは始まるのではないでしょうか。レシピを検索して献立を決めるのではなく、自分や家族の求めるもので、何を食べればいいかがおのずと決まるのですね。そうやって家族のことを思って作る料理だから、相手を想う気持ちも伝わるのだと思います。

私の薬膳の師匠である武鈴子先生は「何を食べたいか、内臓さんに聞いてみて」とよくおっしゃいます。食べたい！　と思うのは内臓が求める味で、おいしい！　と思うのは、内臓が喜んでいるのですよと。

家庭料理でなにも凝った料理や豪華な料理を作る必要はないと思うのです。そのときの家族の体調や状況に合わせて考えられるのが家庭料理の素晴らしさで、他人ではできない醍醐味《だいごみ》だと思います。それが一番おいしいと感じるはずですし、体が求めるものを食べることで、日々体を整えていくことができるのだと思います。

実はこれが薬膳の始まりでもあります。薬膳の原点は中国春秋戦国時代の食医。王が病気にならないように普段の食事で体調を管理していく医師のことです。病気にならないように日々の食事で自分や家族の体調を整えていく。家庭の台所を預かる人は、家族の健康を守る食医にならなければなぁと思います。

朝昼晩の食のリズム

朝昼晩と1日のリズムに合わせた食べ方も大切にしています。

朝は排泄の時間。明け方の5〜7時に大腸が最もよく働きますので、朝ごはんは排泄を助けるような発酵食品を中心にいただきます。

我が家の朝ごはんはほぼ毎日、同じ。胚芽米とお味噌汁と納豆と漬け物と出汁から昆布の佃煮。あとはセロリの葉の炒め物とか大根葉の佃煮とか、ぱぱっとできる季節のごはんのお供をプラスして。中身を季節ごとに変えていくだけで、ほぼこれが365日続きます。忙しいときは具だくさんのお味噌汁だけのときもあります。基本的に前日の食べ物が、腸内に未消化のまま残らないように、朝のうちにきれいにリセットすることを心がけています。

お昼ごはんは、教室や撮影があったりしてさまざまですが、何もない日は子どもの給食弁当（46ページ）とほぼ同じものをワンプレートにしていただくことが多いです。朝ごはんのときに昼の分も作ってしまいますから、温め直したり、少し漬け物などをプラスするぐらいでぱぱっと準備ができます。

夕食は、家族揃ってお酒を飲みながらいただく至福の時間。夜は軽くすませたほうが消化にはいいのでしょうが、楽しみを我慢するのは心の健康によくないですから。作るのもいただくのも時間をかけて、ゆっくりおしゃべりしながら味わっています。ちなみに、このとき家族で「今日楽しかったこと」を発表し合うのが我が家の定番。きっと1日の中には嫌なことやつまらなかったこともあると思います。でも、「今日が花丸だった」と思えるように、楽しかったことを意識して振り返るようにしています。

話を戻しますが、夕食で消化に時間のかかるものをいただくときは、たとえば唐揚げは醤油麹《こうじ》に漬けてから揚げる、とんカツはたっぷりのザワークラウトと食べる、フライは玉ねぎ塩麹のタルタルと食べるなど、発酵食品の力を存分に借りるようにしています。ちょっとしたことで違ってきますので、翌朝までにしっかり消化・排泄できるようにしています。この1日の食のリズムが身につくと、毎食献立に悩むこともなく、無理なく体を整えていけるような気がします。

ある日の朝食：胚芽米ごはん、味噌汁、出汁がら昆布の佃煮、大根葉のふりかけ、ふき味噌、納豆、梅干し

ある日の昼食：チキンソテーとサラダのワンプレート（給食弁当から）

自然養鶏の世界

２０２０年の７月から裏庭で自然養鶏を始めました。いつかは挑戦してみたいと思っていたのですが、横須賀の有機農家ＳＨＯ ｆａｒｍさんが後押ししてくださり、５羽の後藤もみじの雛《ひな》を迎えることができました。鳴き声がうるさくないだろうかという懸念はありましたが、雌だけですから雄鶏のような早朝の雄叫びはありません。ただ我が家の子たちは「卵、産んだぞー！」とか「ごはんもっとちょうだいー」とか「そろそろ夕方の散歩させてー」という主張がものすごくて。基本的に雌は静かといわれますから、飼い主に似るのか、自由を与えてしまった我が家の飼い方によるのか、少々想定外なところはあるのですが。

それはともかく、鶏との生活ではいろいろな発見がありました。朝日とともに目覚め、薄暗くなると勝手に小屋に戻り、どんなにおいしそうな餌があっても暗くなれば見向きもしないで眠りにつく。その自然のリズムに沿った規則正しさに、あぁこれが動物としてのリズムなんだなと、気づかせてくれました。コンポストに生ゴミを入れれば、あっという間に食べ尽くしてしまいますから、もちろん生ゴミはゼロ。庭や畑に放つと、強靭な足で土をかき回して耕してくれますし、草や虫も適度に食べてくれます（食べ尽くすことはない）。フンを落として土も肥やしてくれますし、これほどありがたい存在はないわけで、農家さんと鶏は切っても切り離せない間柄であることが改めてよくわかりました。

裏庭やときには裏山にまで出向いて自由に遊び、ついばむ鶏さんたちの姿は愛らしく、その卵の澄んだ味わいといったら。私は青空のような清々しさを感じました。初めて産んだ卵を手にしたときの重みや温かさは今でも忘れません。

同じように自然養鶏を始めた仲間でも、飼い方は十人十色。我が家はほぼ裏庭に放置していますが、たとえネコやカラスに襲われたとしても、小屋に閉じ込めるような飼い方はしないというのが我が家の選んだ方針。自由と安全。どちらを選ぶかといったら家族みんな自由だったのです。これは鶏だけに言えることじゃなく、私たち自身の生き方にも共通する考え方なのでしょうね。

飼い始める前は、いつかは捌《さば》いていただこうと考えていたのですが、今やすっかり家族の一員。その命をいただく日が来るのでしょうか。幾度となく家族で話していますが、結論は出ないまま。身近な命をいただくということ。その究極の判断については、きっとこれからも考え続けていくのだと思います。

祖母から母、私へ受け継がれる味

私は今でも母の手料理が大好きです。仕事で忙しかったですし、決して特別な料理ではなかったけれど、コロコロとしたハンバーグやクリームがとろりと溶け出すコロッケ、しそとチーズを豚バラ肉で巻いて揚げたもの。今でも食べたいなぁと思い出すのは、高級レストランの食事ではなく、母のそんな手料理です。同じように作っても、私の作るものとはまた違うのですよね。自分の子どもにも、そんなふうに思ってもらえる家庭料理が作れたら幸せですよね。

母はとにかく手しごとが好きで、ぬか漬けや梅干しをはじめ、らっきょう漬けに、きゅうりの佃煮、ゴーヤの甘辛漬け、栗の渋皮煮などなど、年中何かしら仕込んでいます。料理のみならず、洋服は何でも作りますし、刺し子や刺繍も得意。華道に書道、粘土細工、油絵に絵手紙と、手を動かすことは何でもやってしまいます。暮らしにまつわることは何でもできる母。今でも母にはかなわないなぁと思います。

なでしこ
―母から娘へ―
木下まさこ著
ゴーヤのつくだに
2本分
生姜の佃煮
生姜 200g
サバのみそ煮
干し柿
梅酒

ぬか漬けは祖母の味。小さな子ならすっぽり入ってしまうような大きな樽に毎日、裏の畑で取れたものやご近所さんからいただいたいろいろな野菜を漬けていました。私も「今日は何が入っているのだろう」とワクワクしながらよくかき混ぜていたことを思い出します。梅干し作りも名人で、小梅のカリカリ漬けから赤じそ入りのもの、白梅干しなど毎年何種類も漬けていて、亡くなった後に梅干しの壺がいくつも見つかったものです。

祖母は出汁を取るのも鰹《かつお》節を毎回削ることをよしとしていましたから、仕事をしていた母は大変だったと思います。祖母のこだわりを守るべく、子どもの私もよく駆り出されていたものです。「出汁に妥協なし」という祖母の哲学は、今の私の出汁好きに受け継がれていると思います。

私は息子の大地に何を伝えられるのか。大地が何を受け継いでくれるのか。責任重大ですが、彼の心の奥底に私の味のあれこれが、心にぽっと火を灯すような温かな記憶として残るといいなぁと思います。

2

「子どもと発酵暮らし」

一生を左右する子どもの食

息子が1歳の頃からずっと離乳食教室を続けてきましたが、いつも大切にしてほしいなぁと、参加してくださったお母さんたちに伝えているのは、食べ物の素の味を感じてもらうこと。

乳幼児期の子どもの味覚はとても繊細です。子どもは大人よりも味を感じる味蕾《みらい》の数が多く、細かな味を感じ取れる舌を持っているのです。味を記憶する脳の器官も3歳頃に完成し、噛む力や唾液の分泌量、食のベーシックな好みやマナーなども含め、10歳頃までに食の基本的なベースができあがるといわれます。

この時期に濃い塩味や甘味、化学調味料などの食品添加物の味に慣れてしまうと、強くはっきりとした単調な味でなければおいしいと思えなくなってしまいます。味に対する感受性が鈍くなり、素材そのものが持つうま味や甘味などが感じられなくなってしまうのです。

濃い味や化学調味料などの味を好むようになると、将来、高血圧や糖尿病などの生活習慣病のリスクを高めることになりかねません。化学調味料に含まれるアミノ酸は、興奮毒性があり、脳神経系に影響を与えるといわれています。

よくケチャップやマヨネーズやドレッシングをかけないと野菜を食べないという悩みを聞きますが、これでは調味料の味で食べることになり、何を食べても同じ味になってしまいます。うま味は素材の味なのです。調味料の味ではないのです。だまされてはいけません。

野菜は調理をする前に、生でそのままかじってみると素の味がわかって、どんな味付けがよいかがよくわかります。蒸したり茹でたり焼いたりして塩をふるだけでも、素材のうま味が引き出されて、そのものの味わいに感激します。大地も至極シンプル派。お刺身も野菜も何もつけずに、まずはそのまま食べたがります。

素材そのものの味を感じられるような舌を育てること。それが食育の第一歩だと思います。旬の野菜のおいしさ、取れたてのみずみずしさ。そういう素のおいしさを感じ取れる舌があれば、成長して親元を離れるときがきても、食が乱れて、大きく体調を崩したりしないはずです。病気にかかりにくく、元気に自分のやりたいことに没頭できるのです。たとえ、一時期ジャンクフードに走ったとしても、かつて私自身がそうであったように、子どもの頃に培ってきた食のベースに戻るのではないでしょうか。大袈裟ではなく、いわばその子の一生を左右するのが子ども時代の食だと思っています。

食の記憶

3歳ぐらいまでは何でも好き嫌いなく食べた大地ですが、自分の意思や主張が強くなったのでしょうか、6、7歳頃から、急に今まで大好きだった豆腐や厚揚げをあまり食べなくなったり、ピーマンやたけのこには口をつけないようになりました。反対に、苦手だった青魚も、生のまま味噌や薬味と一緒に叩いたら食べられるようになったり、なすは麻婆《マーボー》なすなら好んで食べたりと、複雑な好き嫌いが出てきました。子どもの味覚も食の好みも、日々変化していきますし、更新されていくのですね。

好き嫌いをしたり、せっかく作ったのに食べてもらえなかったりすると、腹が立つし悲しい気分にもなります。でも、あんまり気にしないようにしています。子どもは味を感じるセンサーの数が多いので、大人よりも味を強く感じますし、味覚が敏感だからこそ好き嫌いはあって当然のこと。デトックス作用の強いものも体が必要としないのでしょう。

食べないからといって食卓に出さないわけではありません。むしろ、おかまいなしにどんどん出してしまいます。舌では味わえないけれど、目で見て、香りをかいで、大人がおいしいねって食べている声を聞く。そうやって五感で感じることにも大きな意味があると思いますから。

　食の記憶って大人になっても残るものだと思います。あぁ、子どもの頃に食べたトマトは青臭くて酸っぱかったなぁとか、畑で生のままかじったそらまめ、甘かったなぁと、私は今でも舌が覚えています。舌の記憶だけでなく、いつも家族みんなで賑やかに食卓を囲んだこととか、毎朝味噌汁ばかりだったこととか、おばあちゃんのぬか床の感触とか、食卓にまつわる思い出は今の暮らしにもつながっています。子どもにもそういう記憶をたくさん残してあげたい。だから苦くて嫌いなピーマンとか、今は体が受け付けない山菜も、あえて食卓に出す。そうして「春になったら毎年山菜が食卓にのぼっていたなぁ」という食の記憶を残してあげる。それがレシピではない、食文化を伝えることになると思うのです。そうしていつか、食の経験を重ねていくうちに、嫌いなものも自然に食べられるようになるのではないかと期待しています。

小学校の給食弁当

息子の大地は小学生ですが、給食ではなく、お弁当を持たせてもらっています。〝旬のものを味わうこと〟〝添加物や砂糖を含んだものは使わない〟〝本物の調味料を使うこと〟。これは私が普段から心がけている妥協できない食のベースのようなものです。でも、残念ながら給食ではこうはいきません。少ない給食費の中で大勢の子どもたちのおなかと栄養を満たすために、本当に苦心されているのはわかりますが、冬でもきゅうりやコーンが使われていたり、輸入小麦を使ったパンの日が多かったり、スープの素として何にでもアミノ酸が入っていたり。毎日6年間口に入れるものですから、やはり納得できない部分が多々あり、入学前に給食の先生とご相談させていただき、お弁当を持たせることに決めました。自由な選択を認めてくださった学校には感謝しています。

お弁当といってもまったく自由に作るのではなく、給食のメニューに合わせた給食弁当です。これがなかなかエキサイティングで、普段の食卓にはのぼらないようなメニューや組み合わせも多く四苦八苦です。たとえば、フィリピンのチキンアドボというメニューがあったり、朝から焼売《シュウマイ》を作ったり、朝起きてから急いで二次発酵させてパンを焼いたり。でも、冬のきゅうりは小松菜などの緑でアレンジしたり、コーンは大豆などの豆で代用したり、スープの素は使わずに野菜だけの出汁でスープを作ったり、給食に合わせながらも無理なくアレンジしています。

　主人にも協力してもらっていますが、毎朝、朝ごはんとお弁当作りで、キッチンはバッタバタです。でも、手間をかけるのは気持ちをかけること。アメリカ先住民の言い伝えに「乳児はしっかり、肌を離すな。幼児は肌を離せ、手を離すな。少年は手を離せ、目を離すな。青年は目を離せ、心を離すな」（子育て四訓）というものがあります。私はときどき立ち止まって大地の成長と向き合い、今は手を離してもいい時期だけど目は離してはいけないな、などと自分に言い聞かせていますが、小学校に入って、目を離したくなくても目が行き届かなくなりました。でも決して心は離すことなく、お弁当箱を開けるたびに彼を想う私の気持ちが届くといいなと思っています。私自身、私立の中学高校に通っていたので、母によくお弁当を作ってもらっていました。ときどき「昨晩はちょっと元気がなかったね。今日はあなたの好きなハンバーグよ」などと、手紙が入っているときもありましたが、こうして母の気持ちを届けていたのでしょうね。母の刺繍してくれたお弁当包みは、今でも捨てられずに取ってあります。

ある日の給食弁当（ごはんの日）：ビビンバと春雨スープ

ある日の給食弁当（パンの日）：チキンポトフ、キャベツとひじきのサラダ、パン

五色のお弁当

私はよくお弁当を作ります。子どもが小学校に入るまでは地域で自主保育を続けてきましたから、毎日ずっとお弁当。それ以外にも、山を歩くとき、海でのんびりするとき、畑しごとに行くときなどもお弁当を持って行きます。何か特別な日ではないけれど、夏の夜、月を眺めながらごはんを食べたいなぁと思ったときや、涼しい夜風に当たりたいときなど、重箱におかずを詰め、酒瓶片手に家族で近くの浜に繰り出すこともあります。ほんの2〜3分で着くところなのに、お弁当を持って行くだけで、なんだか特別感が出て、お出かけ気分を楽しめるのですよね。彩り豊かなおかずをお気に入りのお弁当箱や重箱に詰める作業も心躍るものです。

お弁当を作るときに心がけているのは、一品一品は簡単でいいので、彩り豊かに楽しめるようにすること。基本的にあれこれと素材を混ぜ合わせた料理よりも、1種類せめて2種類の食材をシンプルに調理したもののほうが、素材の味がわかって好きなので、お弁当のおかずもとてもシンプル。青菜のナムルだったり、ごま和えだったり、ひじきの梅煮だったり。このとき目安にしているのが薬膳の五色の考え方です。

緑、赤、黄色、白、黒。これらがまんべんなくお弁当に入るようにすると、色合いもきれいですし、味もバラエティ豊かになります。栄養素も自然にバランスよく取れますし、薬膳の考え方では五色は五臓も補えるようになっているのです。

あれこれ何品も作るのは大変そうに思えるかもしれませんが、そんなに手間はかかりません。たとえば、ほうれん草の黒ごま和えだけで、緑と黒。にんじんのナムルで赤。ごぼうの梅煮で、黒と赤。卵焼きで黄色。ねぎと鶏肉のグリルで白。これで五色が揃います。一つ一つは4～5分もあればできてしまうものばかりですから、あっという間です。

作り置きしたものや冷凍しておいたものを詰めるだけというお弁当にも工夫が溢れていると思いますが、私自身、作り置きはほとんどしません。時間がおいしくしてくれる保存食や発酵食は別にして、作り置いても味が変わったり飽きてしまったりして、結局使い切れなかったりするので。それよりもその場でぱぱっと作るほうが性に合っているようです。そのせいか段取りよく何品も作る技術が身についたのではないかとひそかに自負しています。

行事を楽しむ食としつらい

季節の行事やしつらいも日々の暮らしの楽しみです。

まずは、おせち料理。母が毎年作っていたおせちを受け継ぎながらも、私は砂糖を使わずに素材の味を生かしたさっぱり味に仕上げていますので、日持ちはしないけれど、いくらでも食べられてしまいます。白身魚から作る伊達巻き、柚子の風味や自家製の干し柿を加えたなます、豆腐やナッツの入った松風焼きなど、自信作はあれこれありますが、なかでも大地の好きなのは黒豆煮。砂糖なしでも黒豆そのものが本当にまろやかな甘さで、これは丼いっぱい食べられちゃいます。

節分には自分で炒った大豆で豆まき。この時期、床の間には庭の柊木《ひいらぎ》を活け、和紙で作ったお面を飾ります。

雛《ひな》祭りは折り紙や和紙でお内裏様やお雛様、屏風《びょうぶ》やぼんぼりを作り、ちらし寿司や貝のお吸い物をいただきます。雛あられは、我が家でついたお餅（家では12～1月にかけて何度もお餅をつく）を乾燥させて揚げた関西風のかき餅。紅麹《べにこうじ》のパウダーでピンク色に染めたり、抹茶をまぶして緑色にしたりするときもあります。

五月の端午の節句は、大地が最も楽しみにしている行事。主人が子どもの頃から飾っていた兜《かぶと》人形が登場するからです。「今の世は剣ではなく鍬《くわ》だ！」と、我が家は兜に持たせる剣を主人お手製の和紙で作った鍬に替えてしまったのですが、大地は腰に巻いた手拭いに剣を差して楽しむのがお気に入りで。干し柿やデーツなどのドライフルーツで甘味をつけたあんこがたっぷり入った柏餅も大好きです。

七夕は隣の竹林から竹を切り出し、七夕飾りを作ります。そうめんに星形に切ったにんじんやかぼちゃ、オクラなどを浮かべて楽しんだり、縁側で流しそうめんをすることも。七夕は私の誕生日でもあるので、主人と大地がケーキを作ってお祝いしてくれたりもする特別な日です。

お月見は、秋の味覚が勢揃い。蒸した栗、庭の柿、畑の里芋などを御膳に並べ、月見団子を茹でて縁側でお月様の出るのをのんびり待ちます。

年末は、お餅つきやしめ縄作りなど、地域の人たちと大勢で楽しむのが風物詩となっています。

忙《せわ》しない毎日ですが、行事を取り入れることで季節のめぐりを感じられますし、節目節目で気持ちを切り替えられるのもいいですね。子どもが大きくなったらやらなくなってしまうのかもしれませんが、家族で行事を楽しんだ記憶が残り、それが受け継がれていくといいなと思っています。

雛祭りのちらし寿司。

おせち、端午の節句の柏餅、七夕の御膳や、月見団子、栗まんじゅうなど。

病気知らずの子どもごはん

大地は８歳になるこれまで、ほとんど病気知らずに育ってきました。その秘訣の一つは、やっぱり食べ物にあるのではないでしょうか。基本は日本人の体質に合った、発酵食品たっぷりの旬の和食です。とくに朝の味噌汁はほぼ３６５日欠かしません。朝寝坊してごはんを食べる時間のないときや起き抜けで食事をする気がしないときでも、味噌汁だけは飲んで行かせます。「毎日お味噌汁ばかりで飽きちゃう！」と言われることもよくありますが、おかまいなし。味噌汁は薬です！　が私の口癖。これほど手軽に体を整えてくれるものはないと思います。毎日味噌汁といっても、日々具材も替わりますし、味噌の種類だっていろいろあります。豆乳や酒粕《かす》を加えてアレンジもできる。決して同じではないのです。私も子どもの頃、毎日お味噌汁で嫌だなぁと思っていたものですが、母は学校に遅刻してもきちんと朝ごはんを食べて行きなさいという人でしたから、今、私は同じことをしているわけですね。

朝のお味噌汁には文句を言う彼ですが、学校から帰ってくると、おやつに納豆を頬張ることもあるし、きゅうりやキャベツに味噌をつけておやつにしたりと、基本的には発酵食が大好き。大地の大好物を挙げてもらうと、1番がきゅうりのぬか漬け、2番が白菜漬け、3番がザワークラウトと、トップ3がしぶーい発酵食の漬け物ばかり。

一般的に子どもの好きな定番おかずといえば、ハンバーグや唐揚げやカレーなどでしょうか。もちろんそういうメニューが我が家の食卓にのぼる日もあります。でも、それは特別なハレの料理。よーし、今日はハンバーグよ！　と、なんだか気合が入る料理なのです。こういう料理にも、必ず発酵食品を加えて体に負担のないようにしているのが私流でしょうか。

普段の料理は、青菜のおひたしに、きんぴらごぼうに、お芋の煮っころがし、魚の煮付けにぬか漬け。こういう地味なケの料理は日本人の胃腸に合っていますし、ほっとするのだと思います。体は食べたものでしかつくられないですからね。大地の丈夫な体も、こうした日々のなんでもない和食によって支えられているのだと思います。

子どもの好きな我が家の定番レシピ

普段は素朴な和食が中心の我が家ですが、ときには華やかなメニューが食卓を飾る日もあります。そういうときは発酵食品を加えて消化に負担のないようにしています。ここでは、そのなかでも大地の好きな我が家のレシピをご紹介します。

肉じゃがは、ごはんが進むおかずベスト1らしく、最後は残った汁をかけて平らげるほど。醤《ひしお》が入るとコクが出てうま味が高まるので出汁いらず。醤は、豆麹と麦麹に醤油と水を加えて発酵させた醤油や味噌の原点のようなもので、豚肉の消化も助けてくれます。

ハンバーグには、父ちゃんハンバーグと母ちゃんハンバーグがあります。父ちゃんハンバーグはおからが入ってボリュームたっぷりの、シンプルに焼いたタイプ。母ちゃんハンバーグは、市販のケチャップやウスターソースなどは使わずに、私の母の味に近づけようとして作り出したもの。隠し味に加える麹ケチャップがふくよかな味わいを生み出してくれます。

酒粕グラタンは、酒粕が入るだけでもう十分濃厚なコクが出て、食べ応え満点。以前は鶏肉を入れて作っていたのですが、野菜だけで十分だね、そのほうが合うねということになりベジグラタンとなりました。

麻婆なすは、嫌いだったなすが好きに変わった料理です。麻婆豆腐も好きなのですが、自家製のそれほど辛くない甘酒コチュジャンや豆板醤と、豚肉の甘辛濃厚味が好きなのでしょうね。ツルツル入る春雨も彼の心をつかんでいるようです。なすを蒸してから加えるので味が染み込みやすくヘルシー。

醤《ひしお》入り肉じゃが

材料（3人分程度）

豚ばら肉　200g

玉ねぎ　1個

にんじん　1本

じゃがいも　3〜4個

ごま油（低温圧搾の香りの少ないタイプ）　適量

酒　大さじ4

醤　大さじ1

醤油・みりん　各大さじ3

作り方

❶ 豚肉は食べやすい大きさに切る。玉ねぎは繊維に沿って1㎝幅に切る。にんじん、じゃがいもは皮ごと一口大に切る。

❷ 厚手の鍋にごま油を入れて中火にかけ、豚肉を炒める。色が変わったら玉ねぎを炒める。玉ねぎがしんなりしたらにんじん、じゃがいもを加えてさらに炒める。

❸ 酒と醤を加え、落としぶたをして弱めの中火で5分ほど煮る。

❹ 醤油とみりんを加えたら落としぶたと鍋のふたをし、沸いたら弱火にして15分ほど煮る。ふたを取って2〜3分煮詰める。

母ちゃんハンバーグ

材料（3人分程度）

豚ひき肉　150g
豚ももかたまり肉
（肩ロースなどでも）　150g
玉ねぎ（みじん切り）　1個
にんにく（すりおろす）　1片
ごま油（低温圧搾の香りの
少ないタイプ）　適量
塩　ひとつまみ
こしょう　少々
ナツメグパウダー　少々
パン粉　大さじ2
卵　1個

◎煮込みソース
［赤ワイン1カップ、ホールトマト2個、麹ケチャップ＊大さじ2、ローリエ1枚、クローブ1粒、みりん大さじ2、塩ひとつまみ、醤油大さじ1、純米酢大さじ1］

＊98ページ参照

作り方

❶ 豚かたまり肉は包丁で叩いて粗めのひき肉にする。玉ねぎはごま油大さじ1で炒め、粗熱を取る。

❷ ボウルに①と豚ひき肉、にんにく、塩、こしょう、ナツメグパウダー、パン粉を加えてよく練り合わせる。溶いた卵を加えてさらに練り混ぜる。

❸ 空気を抜きながら小判形に形を整え、弱めの中火にかけた厚手の鍋にごま油小さじ2をひいて焼く。焼き色がついたら裏返し、両面に焼き色をつけて8割ほど火が通ったら取り出す。

❹ ③の鍋にソースの材料を加え、トマトをつぶしながら煮詰める。

❺ ソースにとろみがついてきたらハンバーグを戻し入れ、ふたをして4〜5分煮詰める。皿に盛って、好みの野菜を添える。

酒粕ベジグラタン

材料（3人分程度）

酒粕　50g
玉ねぎ　½個
にんにく　1片
里芋　3個
カリフラワー　¼個
かぶ　1個
なたね油　適量
塩　少々
A［豆乳500㎖、米粉大さじ3、塩小さじ1］
ローリエ　1枚
こしょう　少々
ナツメグパウダー　少々
パルミジャーノ・レッジャーノなど好みのチーズ　適量

作り方

❶ 玉ねぎは薄切り、にんにくはみじん切りにする。里芋は皮をむいて一口大に切り、カリフラワーは小房に分け、かぶは8等分のくし形切りにし、すべて蒸しておく。Aは混ぜ合わせておく。

❷ 中火で熱したフライパンになたね油小さじ2をひき、玉ねぎ、にんにくを炒める。酒粕と塩も加えてさらに炒める。

❸ Aとローリエを加え、混ぜながら煮詰め、こしょう、ナツメグパウダーを加えて味を調える。

❹ 耐熱皿になたね油小さじ1をひき、里芋とカリフラワー、かぶを並べ、③の酒粕ソースをかける。チーズを削ってふりかけ、魚焼きグリルやオーブントースターなどで焦げ目がつくまで7～8分焼く。

甘酒コチュジャン豆板醤入り麻婆《マーボー》なす

材料（3人分程度）

なす　3本
豚ひき肉　100g
豚ももかたまり肉　100g
春雨（乾）　20g
長ねぎ（みじん切り）　½本
にんにく（みじん切り）　1片
しょうが（みじん切り）　1片
ごま油（低温圧搾の香りの少ないタイプ）　適量
豆板醤＊　小さじ2
甘酒コチュジャン＊　小さじ2
A［酒大さじ1、豆味噌大さじ1、醤油小さじ1、みりん小さじ1、いりこ出汁1カップ］
片栗粉　小さじ1
ラー油や花椒《ホワジャオ》（好みで）　適量

＊96ページ参照

作り方

❶ なすはヘタを取って食べやすい大きさに切り、2〜3分蒸す。春雨は2分茹でてざるにあげ、食べやすい長さに切る。豚かたまり肉は包丁で叩いて粗めのひき肉にする。

❷ フライパンを中火にかけてごま油を入れ、①の豚肉とひき肉を炒める。香ばしい焼き色がついたら豆板醤とコチュジャンを加えて炒める。香りが出たら、長ねぎ、にんにく、しょうがを加えてさらに炒める。

❸ 蒸したなす、春雨、Aを加え、ひと煮立ちしたら、同量の水で溶いた片栗粉を加えてさっと混ぜ合わせる。辛くしたい場合は、ラー油をたらしたり、刻んだ花椒をふっても。

菌にまみれて

あまり大きな声では言えませんが、大地には「手を洗いなさい」「石鹸を使いなさい」と言ったことがなくて。シャンプーや歯磨き粉もあえて使っていません。それでも虫歯一つないし、今のところ困ることはありません。砂遊びをした手でそのままおにぎりを食べたり、土の上に落ちたおやつをかじったり。一般的には思いっきり引かれそうなことをしているかもしれませんね。でも、そうやって自然界の多様な菌にまみれていることが、彼の健康を培っていると思っています。大地の体はたくさんの菌で守られているのです。

小さい頃から動物と一緒に暮らすと、アレルギー性の病気にかかりにくいという研究結果があります。小さなうちから多様な菌と共存することで免疫がつき、アレルギー反応などが起こりにくくなるというわけです。

菌にもいろいろありますが、人間にとって悪さをする菌もいれば、有用な菌もいる。でも、悪さをする菌にも役割はありますし、善も悪もその中間も、いろいろ多様にいるほうが、外からやってくる多様な菌に対する抵抗力も強くなるのです。

以前、歯科医から、胃の中にいるピロリ菌は逆流性食道炎を抑える働きをしていたり、歯周病菌は虫歯を抑える働きをしていると伺いました。一方では悪さをする菌も視点を変えるとありがたい存在になる。善玉菌だけでもよくないし、悪玉菌も存在することによって成り立つ世界。体の中では本当にさまざまな菌が拮抗《きっこう》しあい、バランスを取りながら健康が保たれているのですね。菌はいろいろいたほうがいいけれど、悪さをする菌だけが元気にならないようにすること。それが体のバランスが取れている状態なのだと思います。

一般的に細菌による病気にかかると、抗生物質を処方されることが多いと思いますが、抗生物質は体にとって必要な菌まで殺してしまうことがあります。もちろん必要な状況のときもあると思いますが、安易に抗生物質を取り入れると腸内細菌が減って体の免疫力は下がってしまうのではないでしょうか。

新型コロナウイルスの影響で、殺菌・消毒が徹底される世の中になりましたが、批判を恐れずに言うならば、行きすぎた殺菌・消毒文化は、大事な体の菌をも失うことになる、ということを頭に入れて、必要に応じて取り入れていけばいいのではないでしょうか。そうして拒否する権利、選ぶ自由は主張してもいいのではと思っています。

大地はこれまで予防接種を一つも受けてきませんでした。たしかに予防接種が必要な時代もあったでしょうし、それによって救われた命もたくさんあると思います。でも、今の日本でポリオや日本脳炎がどれほど猛威をふるっているでしょうか。感染力の強い麻疹《ましん》（はしか）も、予防接種で１００％発症を防げるわけではないといいます。ただ行政の指示に従がってやみくもに受けるのではなく、親が情報を集め、どうするかを判断してもよいと思っています。

　体の中にはどんなウイルスにも対応できる免疫反応が備わっています。水疱瘡《みずぼうそう》には水痘《すいとう》・帯状疱疹《たいじょうほうしん》ウイルスにしか効かないワクチンではなく、水疱瘡でも麻疹でもおたふくかぜでも、何にでも柔軟に対応できる免疫システムがあるのです。特定のウイルスや病原菌にしか効かないワクチンを打つより、効率的だと思いませんか。病気を防ぐ力、治す力は自分の中にあるのです。

　新型コロナウイルスも同じこと。自分の中に対抗できる免疫機能があるはずです。自分の持つ免疫機能が十分に働ける体をつくること。それがコロナウイルスでも他の病気でも、一番の根本的な対策になると思います。目新しいことでも画期的なことでもなく、それには日々の食事や心身の休息しかないと思います。腸内の善玉菌を活性化する発酵食品や海藻、野菜、小魚などをふんだんに取り入れた和食が要《かなめ》なのです。デジタルをオフして、自然に身をまかせ、心と体を十分に休める。そういう暮らしを心がければ、どんなウイルスや病原菌がやってきても、必要以上に恐れたり慌てたりすることなく、どんと構えて対応できるのではないでしょうか。

砂糖なし子育て

私は料理にもおやつにも砂糖は使いません。大地には8歳になった今でも、砂糖は食べさせていません。外食で知らぬ間に口にしていることもあるでしょうが、基本的に我が家で作るものはシュガーフリーです。私自身、出産する少し前から砂糖をやめ、なんとなく感じていただるさや疲れやすさ、胃もたれなどがすべてなくなりました。

砂糖はすぐに体のエネルギー源となったり、気持ちをリラックスさせたりという効果もありますが、分解吸収の速度が速いため、血糖値を急激に上昇させて気分を高揚させたり、眠気やだるさを招きやすくなります。反対に下降速度も速いため、今度は気持ちが落ち込んだり、集中力が低下したり、次々に糖を欲して中毒性が高くなったりします。血糖値の上がり下がりが激しい状態を「血糖値スパイク」といいますが、さまざまな不調を招く原因の一つといわれています。

また、砂糖の主成分であるショ糖は、体の中の悪玉菌の大好物で、腸内でも口腔《こうくう》内でも悪玉菌が増殖し、虫歯や病気の一因になるとされます。ショ糖は白砂糖はもちろん、黒砂糖もきび砂糖も甜菜《てんさい》糖、メープルシロップにも多く含まれます。とくに精製された白砂糖は、分解吸収の過程で体内のビタミンB_1やカルシウムを奪ってしまうのも問題です。また、中医学では砂糖は血のめぐりを悪くしたり、体を冷やしたり、体内に余分な水分をとどめてむくみやすくすると考えます。

大地は砂糖なしで育てようと決めて、言葉が理解できるようになった頃には、なぜ砂糖は取らないほうがいいのか、ということを大人に話すのと同じようにわかりやすい言葉で説明してきました。だから、自分からどうしても食べたい！　となることはないようです。お友達やそのお母さんからお菓子をいただくこともあります。そんなときは「これ何が入ってるの？　砂糖入っている？」と自分で聞いて、「じゃあ、大ちゃん食べられない」と断っているようです。家では食べないけれど、外でも絶対禁止！と言っているわけではなく、自分で判断しなさいと伝えているので、ときには口にしてしまうこともあるかもしれません。大きくなったら自分のお小遣いで砂糖菓子を買うときだってくると思います。でも今、私たちの庇護《ひご》のもとにあるかぎり、お母ちゃんやお父ちゃんが一生懸命働いて稼いだお金で、大地の体にマイナスとなるようなものを買いたくない。単純にそう思うのです。

我が家のおやつ

おやつも我が家は砂糖なし。砂糖を使わなくても、代用できる穏やかな甘みはたくさんあります。加熱をしないものには、天然はちみつを使います。はちみつはビタミンやミネラルを含み、抗菌・抗炎症作用があり、古くから細菌感染症や口内炎などの民間薬に利用されてきました。薬膳では胃の薬とされます。いろいろな種類がありますが、選ぶ基準は非加熱であることと精製されていないこと、無添加であることです。代謝や消化に不可欠な酵素やビタミン、ミネラルも、加熱や精製の過程で失われてしまうからです。また、糖類や酸化防止剤などの添加物が含まれていないかも必ずチェックします。

はちみつの主成分は果糖とブドウ糖ですが、私は果糖の割合の多いアカシアのはちみつを愛用しています。はちみつの果糖は血糖調整作用があり、血糖値の急激な上昇やインスリンの過剰な分泌を抑制するとされます。またショ糖を含まないので、悪玉菌の餌になることもありません。ただし、果糖はとりすぎると分解を担う肝臓に負担がかかったり中性脂肪を増加させたりするので、ほどほどにを肝に銘じています。

せっかく非加熱のはちみつですから、寒天や葛《くず》粉などで固めて作るムースやブランマンジェなどに、またよもぎ餅やおまんじゅうなどの和菓子の生地に、加熱を終えて粗熱が取れてから加えるようにしています。アイスクリームやシャーベットなどの冷菓にもはちみつは向いています。ドーナツにも冷めてからはちみつをたらりとかければ問題なし。加熱しなければ酵素を壊すことなく上品な甘味が得られます。

パウンドケーキやマフィンなどの焼き菓子には、甘酒やみりん、発酵あんこなどの発酵食品を利用しています。発酵食品は甘味がマイルドなので、生地の小麦粉や具材のフルーツなどの素材の甘味が感じられて我が家では好評です。強い甘味に慣れないようにする点でもおすすめですが、物足りなければデーツや干し柿、レーズンなどのドライフルーツをプラスすると、こっくりとした濃厚な甘味になります。

学校から帰ってくると、「今日のおやつなぁに？」が口癖の大地。おにぎりも用意しておきますが、あっという間に平らげて、それだけでは足りないので毎日何かしらのおやつを作っています。だから私の作るおやつは、ボウル1つでさくっとできるような手軽なものばかり。ちなみに私は、ほとんどの焼き菓子はグリルパンを使って魚焼きグリルで焼いてしまうので、予熱いらずですぐに焼きあがります。全体的に甘さも控えめですが、季節感もあるし満足感もある。おうちのおやつは、そういうものでいいと思います。

発酵あんこのどら焼き

材料（6個分）

発酵あんこ＊　150g
くるみ　6個
デーツ　1個
なたね油　適量

◎どら焼きの皮
卵　1個
みりん　20g
豆乳　大さじ3
薄力粉　80g
重曹　小さじ½

作り方

❶ 発酵あんこにくるみとデーツを細かく刻んで混ぜ合わせる。

❷ 卵を溶きほぐし、みりんと豆乳を加えてよく混ぜる。

❸ ②に薄力粉と重曹を加えて練らないように混ぜ、30分ほど休ませる。

❹ フライパンになたね油を入れ、ペーパータオルで薄くのばす。③の生地を大さじ1ずつ流し、直径7〜8㎝ぐらいにのばす。

❺ 表面がプツプツしてきたら裏返し、焼き色がついたら平ざるなどにとって冷ます。残りの生地も同じように焼く。2枚で①の発酵あんこをはさむ。

＊発酵あんこ

材料（作りやすい分量）

小豆　100g
米麹　100g

作り方

❶ 小豆を洗って鍋に入れ、たっぷりの水を加えて中火にかける。沸いたら2〜3分煮て、ざるにあげる。

❷ 再び鍋に戻してたっぷりの水（小豆の6倍程度）を加え、小豆が指で簡単につぶせるぐらいやわらかくなるまで50分〜1時間煮る。途中で水が少なくなったら足す。水分は炊きあがったときに少し残っているぐらいがよい。

❸ 65度ぐらいに冷めたら米麹を加えてよく混ぜ、（このとき水分が足りなくて麹と小豆がうまく混ざらないようなら、水を少し足す）50〜60度で8〜10時間保温すればできあがり。冷蔵庫で4〜5日保存可能。

米粉のチョコパウンド

材料（7×20×高さ6㎝のパウンド型1台分）

米粉　100g
キャロブパウダー
（またはココアパウダー）　20g
卵　1個
木綿豆腐　50g
塩　ひとつまみ
みりん　70g
なたね油　20g
ベーキングパウダー
（アルミニウムフリー）　小さじ1
重曹　小さじ½
レモン汁　大さじ1⅓

作り方

❶ ボウルに卵、豆腐、塩、みりん、なたね油を入れてよく混ぜ合わせる。
❷ ①にキャロブパウダー、米粉、ベーキングパウダー、重曹を加えてよく混ぜ合わせ、レモン汁を加えて素早く混ぜたら、クッキングシートを敷いたパウンド型に流し入れる。
❸ 厚手のアルミホイルや鉄板でふたをして、魚焼きグリルで15分ほど焼く。オーブンの場合、180度に熱して20〜25分焼く。

前

甘酒いちごムース

材料（2人分）

いちご　100g
甘酒　30g
豆乳ヨーグルト　30g
葛粉　大さじ1
粉寒天　1g弱
はちみつ　小さじ1

作り方

❶ いちごはヘタを取り、はちみつ以外の材料とともにミキサーにかける。

❷ ①を小鍋に入れ、弱めの中火にかける。ふつふつしてから2分以上、とろみが出るまで加熱する。

❸ 火を止めて、はちみつを加えて混ぜ合わせ、容器に流し入れる。固まったら好みでいちごと豆乳クリーム＊（ともに分量外）を飾る。

＊豆乳クリーム（作りやすい分量）
豆乳½カップ、ココナッツオイル50g、上新粉大さじ1を鍋に入れて中火にかけ、ふつふつしたら火からおろして、あればバニラエクストラクト（バニラのさやをアルコールに漬けた香料）少々と、レモン汁少々を加えてどろっとするまでハンドブレンダーにかける。冷蔵庫で4～5日保存可能。

3

「基本の調味料は手作り」

豆板醤 900g
山夏みかん胡椒
みりん梅酒
[黄梅タイプ]
2019.6.15 仕込み
白梅干し

しその実
醤油麹
2020.9
山椒の実
梅サワー
青梅 460g
はちみつ 125g
リンゴ酢 200ml
2019.6.1
アンチョビ 2021.
2.10
きんかん酢

味噌を造り始めて17、18年

自分で味噌を仕込むようになって17、18年になるでしょうか。今でこそ発酵食品が注目を集め、毎年味噌を仕込む人も増えていますが、当時はまわりに手前味噌を仕込んでいる人は皆無でしたし、ネットで検索すれば何でも調べられる時代ではなかったので（ずいぶん古臭く感じますが）、最初は図書館で本を借りたり、沿線の味噌屋さんに尋ねたりしながら、試行錯誤で仕込み始めたのを覚えています。大豆をやわらかく茹でるためだけにわざわざ圧力鍋も購入したものです。

1キロの大豆を茹でて、その当時私の持っていた一番大きな鍋の中で一心不乱に手でつぶし、塩と米麹を混ぜてホウロウ容器に詰めたときには1キロの大豆が4キロの味噌に！　4倍になるのかと驚いたものです。そうして1年後に口にしたときのその芳醇《ほうじゅん》な味わいといったら。一度自分で造り始めたら、その味が忘れられなくて、毎年仕込まずにはいられなくなったのです。

以来、よりおいしい味噌を造ろうと、あれこれ試したり実験を重ねるようになりました。たとえば、大豆は茹でるよりも蒸すほうがうま味が残って、濃い味わいの味噌

になることがわかりました。米麹の分量も、最初は一般的な大豆1：麹1の割合で造っていましたが、より甘味やうま味を強くしたいと、麹を1・5～3倍ぐらいまで試してみました。麹が多い味噌は甘くて白味噌のような使い方ができますが、普段味噌汁などに使うのは、1・5～1・7倍ぐらいがちょうどいい塩梅《あんばい》だという結論に落ち着きました。

麹にもいくつか種類があるので、玄米麹、白米麹、麦麹、豆麹と選べます。最初は一般的な白米麹で造りましたが、慣れてくると玄米麹でより濃厚で栄養価の高い味噌を造ったり、麦麹と玄米麹をミックスした合わせ味噌にしたり。今は毎年、この合わせ味噌と白味噌の2種類を仕込むのが定番で、その年によって麦味噌や豆味噌をプラスで造ったりもします。

塩分濃度も一般的には12％ぐらいだと思いますが、私の好みで10～11％程度に抑えて造っています。塩じたいの味でも味噌の味わいが大きく異なります。塩気の強いキリリとした味噌もよいですが、私はまろやか派なので、ミネラルが多く、甘味を感じる高知の天日塩を選んでいます。

大豆はここ10年来、北海道の自然栽培農家、よしもりまきばさんのもの。甘くてコクがあって澄んだ味がして、味噌も納豆もこの大豆を利用しています。米麹は福井のマルカワみそさんの蔵に自然に棲《す》み着いた麹菌で醸されたもの。白味噌など少量を造るときは、自分で作った米麹で仕込んでいます。味噌も自分で造れば、すべての原料にこだわることができるのがいいですね。

カビ対策もあれこれ試しています。塩をまぶしてラップをかけるのが一般的だと思いますが、酒粕を敷き詰めたり、古い味噌でふたをしたり、びわの葉をかぶせたり。今のところびわの葉がお気に入り。でも、多少のカビは生えて当然ですから、そんなに恐れなくていいことが何年か続けているうちにわかりました。カビが生えるとしても酸素に触れているごくわずかな部分だけなので、そこは削ってしまえば問題ないですから。

葉山に移ってからは、味噌造りもワークショップとして大勢で仕込むのが定番になっています。一度に12キロぐらい大豆を蒸すので、その日は朝から庭のかまどに薪をくべて火をおこし、6台のせいろで蒸しあげます。もくもくと湯気のあがるその光景は懐かしい日本の原風景のよう。目を閉じればいつでも浮かんでくる忘れられない情景となっています。

大地の白味噌

白味噌は数年前から息子の大地が造っています。味噌造りは彼がおすわりを始めた頃から一緒にやっていましたが（最初はすりこぎを舐めていただけですが）、仕込んでもできあがるのが１年後だと、子どもにとってはずいぶん先の話に感じるようで、仕込んだことも忘れてしまったり、実感が伴いにくいなと思っていました。

その点、白味噌は発酵時間が短く、１カ月もすれば味わうことができるので、子どもでも達成感を得やすい。他の味噌と違って塩分が少なく冷蔵庫で熟成させるため、一度にたくさん仕込むより少量が向いているので、子どもにも仕込みやすい。ということで彼の担当にしたのです。そもそも甘めの白味噌が好きだったこともありますが、狙い通り、すっかり白味噌造りが定着しました。毎週月曜に畑の野菜や保存食を販売している「たたき」で「大地の白味噌」としてはかり売りもしていますが、市販の無添加の白味噌が少ないためか、なかなかの人気アイテムとなっています。その売り上げは、もちろん大地のお小遣いに。貯まった売り上げで、マウンテンバイクを買うそうですよ。

白味噌

材料（仕上がり1kg）
大豆　200g
米麹（生）　600g
塩　90g

作り方

❶ 大豆は水に一晩浸しておく。水を替えてたっぷりの水でやわらかく茹でる。

❷ 米麹と塩を混ぜて「塩切り麹」を作る。

❸ 大豆をつぶし、塩切り麹を加えてよく混ぜ合わせる。

❹ 団子状に丸めて、空気を抜くように容器に投げ入れる。

❺ 1個投げ入れたら空気を押し出すように表面をぎゅっと押して平らにならす。同じようにすべての団子を投げ入れて平らにならす。

❻ 表面にラップをかけ（私はびわの葉で覆う）、できあがりの2割程度の重石をして冷暗所に置く。3週間ほどで冷蔵庫に移し、食べ始められる。できあがってからすり鉢などですするとなめらかな食感に。

手前醤油の醍醐味

横須賀からフェリーで海を渡れば意外と近い、千葉の鴨川にいる醤油の搾り師さんの存在を知ったのは５、６年前のこと。彼のアドバイスのもと、我が家でも手前醤油に挑戦し始めました。仕込みは驚くほど簡単です。大豆麹と麦麹に塩水を加えるだけ。とはいえ４斗樽に仕込みますから、混ぜるだけでも重労働。２週間ほどは毎日かき混ぜ、梅雨が明けたら屋外に樽を出して直射日光に当てて香りを高め、冬の寒さにさらしてうま味を高めます。そうして約１年後に、搾り師さんを鴨川から招き、ゆっくりと圧力をかけてもろみを搾るのです。

１滴また１滴としたたり落ちる透き通った琥《こ》珀《はく》色の液体。思わずペロリと指で舐めてしまいますが、この瞬間が最高で、搾りたての生醤油を存分に味わえるのも手造り醤油の醍醐味かもしれません。生醤油をとった後は、80度まで加熱して火入れ醤油が完成します。今年もまろやかでいい味わい！

昔はどの家庭でも味噌と同じように醤油も仕込んでいたといいます。搾り師という仕事を残していくためにも、手前醤油造りがもっと広がるといいなと思います。

1年熟成させた醤油もろみ。お正月のどんど焼きで使われた杉樽を利用して。

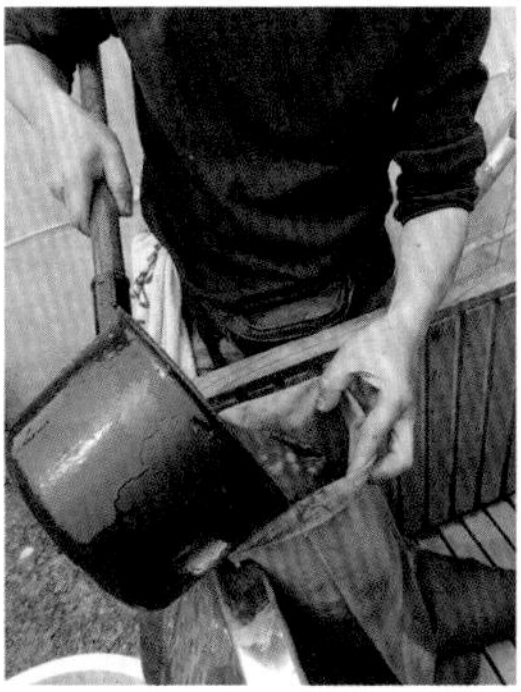

身近な海から作る一色の塩

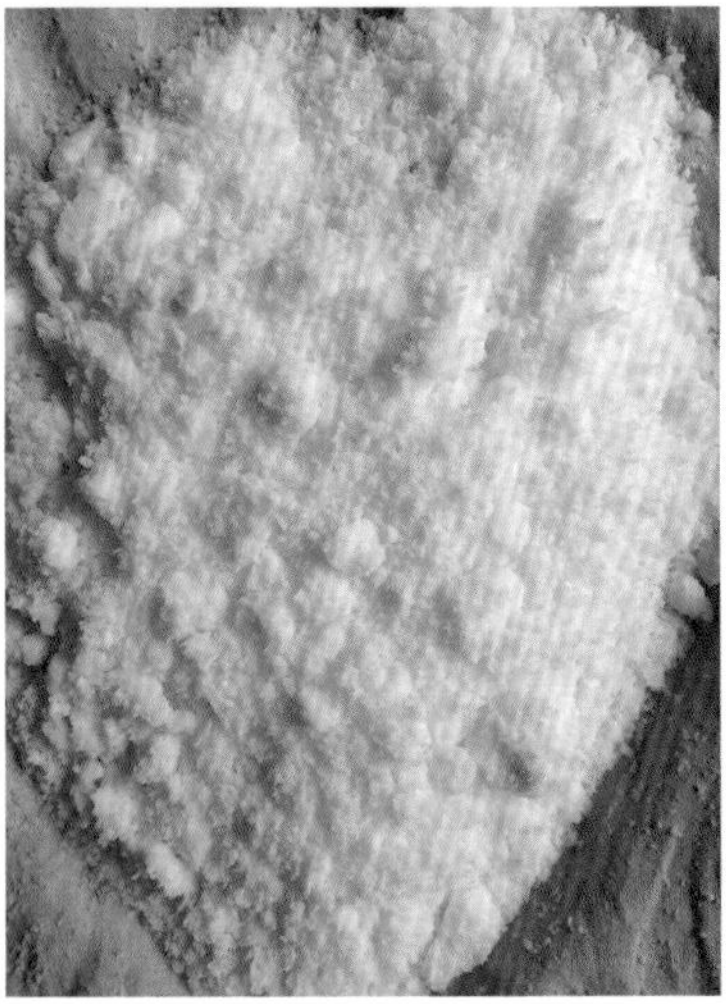

塩は料理にとって最大の要。私はあまり凝った料理は、食べるのも作るのも苦手で、素材の味のわかるものが好きですから、塩だけしか調味料を使わないこともよくあります。最後の塩のひとふりで味が決まることも多いですし、同じレシピでも、ひとつまみの塩加減で味が変わることもよくあります。

普段、我が家で使っている基本の塩は、高知の天日手もみ塩「美味海《うまみ》」という塩です。海水だけを原料にして作る塩には2つの作り方があって、天日に干して、太陽と風の力だけで結晶化させる「天日塩」と、大きな釜で海水を沸騰させて水分を蒸発させ、残った塩を取り出す「釜焚《だ》き塩（平釜塩）」があります。湿度の高い日本では海水が乾きにくいため、自然海塩のほとんどは釜焚き製法で作られていると思いますが、じっくりと自然の力で作られる天日塩は辛みが穏やかで甘味があり、マイルドな塩味が特徴です。

もう一つ、特別なときだけに使う塩が、自家製の「葉山一色の塩」。家から歩いて2〜3分のところに広がる一色海岸は、「世界ベストビーチ１００」にも選ばれている美しい海岸です。目の前に海があるのですから、塩が作れないわけがない！　と、主人がスタンドアップパドルボード（立ち漕ぎサーフボード）で沖合いに乗り出し、70リットルの海水を汲むところから塩作りは始まります。それを庭のかまどで薪を焚いて2〜3日かけて煮詰めていきます。釜焚き製法です。結晶化してきたところで沈んだ硫酸カルシウムをこし、完全に水分が飛ぶまでゆっくり煮詰めたらできあがりです。海水の塩分濃度は3％ですが、70リットルで1・7キロ弱の塩ができます。

天日塩や平釜塩のほかに、メキシコやオーストラリアなどで作られた天日塩を溶かして日本の海水のにがりなどのミネラルを添加して作った再生加工塩や、海水から電気分解で塩化ナトリウムだけを抽出するイオン交換膜製法で作られた塩もあります。このイオン交換膜製法の塩にさらにミネラルを添加したものもあります。本当にいろいろな塩が選べる時代。ナトリウム99・5％以上の食卓塩しかなかった時代に比べたら、選択肢の幅は格段に広がりましたが、それだけによいものを選ぶ目、本質を見極める力が必要になりました。イオン交換膜製法で作られた塩はミネラルが失われていますし、再生加工塩やイオン交換膜製法の塩にミネラルを添加したものは本来の海水に比べてミネラルバランスが崩れています。

塩は〝肝腎要《かんじんかなめ》〟の腎を補う大切なもの。いい塩がなければ腎臓は働きませんし、おしっこも出なくなります。塩分をとりすぎると血圧が高くなるといわれますが、にがりのマグネシウムがあってこそ、血管を拡張して心臓の負担は軽くなるのです。そう考えると、価格は10倍以上ですが、自然のミネラルバランスを崩すことなく取り入れられる天日塩や平釜塩がよいと思います。パッケージには原料と製法が書かれているので、買う前に確認してみてください。買い物は選挙と同じ。信頼できる商品に一票を投じたいと思っています。

ただ現在は、マイクロプラスチックや原発の汚染処理水など、海はさまざまな問題も抱えています。自主保育の子どもたちと浜を歩いてビーチクリーンをしたり、マイクロプラスチックがどれだけあるかを調べたりしたこともありますが、目に見える以上に、海は疲弊しているのではないでしょうか。いつまでも身近な海から塩が作り続けられるよう、何ができるのか。プラスチックをできるだけ使わないようにしたり、電気の使用量を減らしたり、自然エネルギーにシフトしたり。わずかなことかもしれませんが、今、一人ひとりの暮らしを変えていくしかないのだと思っています。

みりんと酢は伝統製法のものを

我が家では砂糖を使わないので、料理の甘味づけにはみりんを活用しています。みりんにも「本みりん（酒類）」と「みりん風調味料（アルコール1％未満）」と「発酵調味料（アルコールは含まれるが不可飲処置されたもの）」がありますが、おすすめは、もち米と米麹と米焼酎のみで長期熟成する伝統製法で造られた本みりんです。

みりん風調味料や発酵調味料は、ブドウ糖などの糖類や香料、塩分などが含まれているため、みりん本来の自然な甘味や芳醇なうま味は薄れてしまうのではないでしょうか。本みりんと書かれていても、糖類を添加していたり、焼酎の代わりに醸造アルコールを使っている商品もあるので、名前にだまされることのないよう原材料を確認したいものです。

私は10年来、白扇酒造さんの「福来純　伝統製法熟成本みりん」を愛用しています。コクがあるのにしつこくないクリアな味わいで、煮物でも和え物でもスイーツでもなんでもこいの懐の深さ。ブドウ糖やオリゴ糖など複数の糖類がくっついてできている多糖類なので、ストレートではっきりとした砂糖の甘さとは違い、やわらかで上品な甘さに仕上がるのです。このみりんに半量ほどの水を加えて煮詰めたみりん蜜は、教室でも大人気です。みりんがあれば、普段の料理に砂糖は必要ありません。砂糖なしのほうが胃もたれしないで後味も軽く、すっきり食べられます。

「最古の調味料」といわれるお酢は、お米や小麦、コーン、果実など原料によってさまざまな種類がありますが、私がよく使うのはお米だけを原料にした純米酢。あれこれ試しましたが、ここ数年は酸味のやわらかな河原酢造さんの「老梅 有機純米酢」に落ち着いています。静置発酵という伝統的な製法でゆっくり発酵させて造られた純米酢です。現在、流通している多くの米酢は、醸造アルコールをもとに造られたものが多く、本来は何カ月もかかる発酵を、機械で強制的に攪拌して進めた速成法のものがほとんどとされます。こうしたお酢はツンとがった酸味やえぐみがあり、和え物などに使うと酢の味だけが際立って素材の味を消してしまうように感じます。一方、伝統製法の純米酢は、うま味のもとになるアミノ酸が豊富で、角がなくまろやかなコクと甘味があり、他の食材ともうまく調和してくれるのです。現在は酒税法の関係で禁止されていますが、本来はみりんも酢も自分で造ることができるもの。いつかは「さしすせそ」のすべての調味料が、各家庭で作れるようになればいいのになぁと思います。

素性のわかる自家製調味料

味噌や醤油、塩などの基本の調味料だけでなく、ほかにも調味料はあれこれと作っています。たとえば、塩麹や醤油麹、ひしお味噌などの日本の伝統的な発酵調味料とは長い付き合いです。一般的には作ったら1カ月ぐらいで使い切るようにといわれますが、冷蔵庫で管理している以上、とくに傷むことはありません。少なくなったらそこに追加で材料を足していけば、すぐに発酵して使えるようになりますから、私はもう7、8年はつぎ足し、つぎ足し使い続けています。

マヨネーズやケチャップ、ドレッシングも、その都度作ったほうがフレッシュで断然おいしいですし、料理に合わせて味付けも変えられます。豆板醤やコチュジャン、オイスターソース、ラー油などの韓国や中国の調味料もほとんど手作り。ナンプラーもアンチョビを作る過程の副産物として得られます。最近は、塩麹に玉ねぎとレモンを加えたものや、山椒の実で作る和風ラー油、葉山で取れる夏みかんを使った柚子胡椒のアレンジ版「夏みかん胡椒」など、いろいろ試しながら、新しい味を発見することを楽しんでいます。

なぜ手作りにこだわるのでしょうね。自家製の調味料は自分で原材料を選べますし、塩分量や発酵の度合いを調整したりと自由にアレンジできます。そして、なんといってもおいしい！　やっぱりこれに尽きます。

市販のもので無添加のものを探すのはなかなか難しいものです。果糖ブドウ糖液糖やアミノ酸、香料など、たいていの市販品には添加物が含まれています。これら添加物の問題というものはまだ未解明の部分が多いのですが、アミノ酸が脳の神経系に悪影響を与えたり、果糖ブドウ糖液糖が血糖値の急上昇を招いたり、老化を促すＡＧＥｓ（終末糖化産物）の産生を高めるなど、問題視されていることも多くあります。とくに日本は添加物の使用量が諸外国に比べて格段に多いのも事実です。

基本的に素のもの、シンプルな素材が好きですから、あれこれと入っているものは苦手です。どんな素材を使ってどんなふうに作られたのか、それが見えない加工品は信じられないという古臭いタイプなので。だから自分で作れるものは作りたい。自家製のものには素性のわかる安心感、不純なものは含まない潔さがあります。

こうして作った自家製の調味料などは、教室の生徒さんなどの要望もあって、毎週月曜のはかり売りの店「たたき」でも販売しています。包装容器を減らしながら、無駄なく好きな量だけ購入できるはかり売りは、これからの理想的な小さなマーケットの形だと思っています。

玉ねぎ塩麹レモン Ⓐ

材料（作りやすい分量）
玉ねぎ　1個（約200g）
塩麹　60g
レモンの輪切り　2枚

作り方
❶ 玉ねぎは半分をすりおろし、半分はみじん切りにする。レモン1枚はいちょう切りにする。
❷ ①を保存容器に入れ、塩麹を加えてよくかき混ぜ、レモンの輪切りを1枚のせる。冷暗所で1日以上おく。食べ頃は2日目以降～1週間。保存は冷蔵で3週間ほど。

甘酒コチュジャン Ⓑ

材料（作りやすい分量）
甘酒　100g
→もち米、米麹各30g、水40gでだいたい100g程度になります
韓国唐辛子（粉末）　20g
塩　5g

作り方
❶ 固めの甘酒を作る。もち米に水を加えて炊き、15分蒸らして60度ぐらいまで冷ます。麹を加えてよく混ぜ、50～60度で8時間ほど保温する。
❷ どろっとした甘酒ができたら100gを取り、唐辛子と塩を加えてよく混ぜる。
❸ 保存容器に移して常温で5日～1週間発酵させる。その後は冷蔵庫で保存する。冷蔵で1年保存可。

豆板醤 Ⓒ

材料（作りやすい分量）
そら豆（さやから出して）　200g
韓国唐辛子（粉末）　30g
塩　40g
米麹　30g

作り方
❶ そら豆をやわらかくなるまで15～20分蒸し、薄皮をむく。
❷ すり鉢でなめらかになるまですりつぶす（フードプロセッサーなどにかけてもよい）。
❸ ②に唐辛子、塩、米麹を加えてよくすり混ぜる。
❹ 全体がなめらかに混ざったら、保存容器に入れて表面をラップで覆い、そら豆と同重量程度の重石をして半年ほど寝かせる。常温でも1年以上保存可。

D
A
E
B
C

麹ケチャップ（D）

材料（作りやすい分量）

米麹　大さじ2
セロリ　1本
玉ねぎ　½個
にんにく　1片
しょうが　½片
ホールトマト　1缶（生のトマトがあれば300g程度）
赤ワイン　100㎖
ローリエ　1枚
クローブ　1粒
ブラックペッパー（ホール）　2〜3粒
シナモンスティック　1本
カルダモン　1個
塩　小さじ½

作り方

❶ セロリ、玉ねぎ、にんにく、しょうがはすりおろす。
❷ ①を鍋に入れ、ホールトマトをつぶしながら加える。生のトマトの場合は湯むきをして使う。
❸ 赤ワイン、ローリエ、クローブ、ブラックペッパー、シナモンスティック、カルダモン、塩を加えて中火にかける。
❹ 沸いたら弱火にして、とろみが出るまで20〜30分煮詰める。
❺ 火を止めて60度ぐらいまで冷めたら米麹を加えてよく混ぜ合わせる。保存容器に移し、毎日かき混ぜながら常温で1週間ほどおく。スパイス類を取り出し、ミキサーにかけてなめらかにしても食べやすい。その後は冷蔵庫で保存し、3週間程度を目安に食べ切る。

夏みかん胡椒（E）

材料（作りやすい分量）

夏みかんの皮　100g
赤唐辛子　3g
塩　20g
夏みかんの果汁　適量

作り方

❶ 夏みかんの皮をすりおろす。包丁でそいでみじん切りにしてもよい。赤唐辛子は種を取って細かく刻む（手が痛くなるので手袋をするとよい）。
❷ ①をすり鉢に入れ、塩を加えてなめらかになるまでする（フードプロセッサーなどにかけてもよい）。夏みかんの果汁を少しずつ加えてなめらかさを調整する。保存は冷蔵で1年ほど。

4

「我が家の健康の要」

ぬか床は20年選手

ぬか漬けを作り始めたのは、今から20年ほど前のこと。まだ東京の世田谷に住んでいた頃、区民農園で野菜を作り始めたら、思っていた以上に取れすぎて食べ切れない。さて、どうしようかと思ったとき、祖母や母がずっと漬けていたぬか漬けを思い出したのです。ぬか漬けをスタートに、さまざまな保存食や発酵食作りに目覚めたので、私の発酵暮らしは畑から始まったわけです。

最初は祖母や母に話を聞き、自然食品店で炒りぬかを買い求め、見よう見真似でやってみましたが、そんなにうまくはいきません。収穫した野菜をこれでもかと詰め込んだり、反対に仕事が忙しくて何日も放置する日が続いたりで、これではぬか床も疲れ果ててしまいます。なんだかおいしくないなと思ったら、ふたを開けるたびに異臭がするようになり、ついにカビも生え始め、見なかったことにしようっとふたを開けぬまま数カ月が過ぎ…。半年後、そのままゴミ箱行きとなってしまいました。このときの切なさ、不甲斐なさといったら。二度とぬか床を捨てるようなことはしたくないと、新たにぬか床を作り、真摯《しんし》に向き合い始めました。

おいしいと思ったときのぬか床を食べて味を覚え、椎茸やにんにくや山椒など、風味をよくする素材をあれこれ加え、水加減、塩加減にもルールがあることに気づき、そうして試行錯誤をするうちに、多少のことではびくともしない〝私のぬか床〟というものができあがっていったように思います。

手塩にかけたぬか床がかわいくないわけはありません。夏のキャンピングカーでの長期旅行にも、もちろんぬか床も乗車。東京や横浜でのぬか漬け教室にも、バスや電車を乗り継いで一緒に出張しています。もはや相棒といえる存在ですし、ぬか漬けの味が落ちているときは、〝ちゃんとしなさいよ〟と、怒られているような気分になります。〝あぁ、ちょっと忙しくてゆっくり食と向き合っていなかったなぁ〟など と、気づかされる気がするのです。私にとっておいしいぬか漬けを維持していくことは、食を含めた暮らし全体を整えていくベースとなっているように思います。

当初は3リットルで始めたぬか床も、5リットルのホウロウ容器になり、今は9リットルサイズの杉樽へと成長しました。樹齢１００年の吉野杉を原料に、釘や接着剤を一切使わずに作られた手作りの樽は、１００年持つと太鼓判を押されたもの。息子の大地は何と言うかわかりませんが、私は１００年先につないでいくつもりです。このぬか床を、〝母ちゃんの味〟として受け継いでくれたら、それだけでもう幸せだなぁ。

大豆の味がちゃんとするわら納豆

毎日の朝ごはんに欠かせないものの一つが自家製のわら納豆です。納豆作りは主に主人の担当。東日本大震災の直後、市販の納豆が手に入らなくなったため、自分たちでできるものはできるだけ手作りしようと始めました。納豆を作っていると言うと驚かれることも多いのですが、納豆菌ほど身近な菌はいないのではないでしょうか。土や植物などそこらじゅうに棲《す》みついている枯草菌という菌の仲間ですから、菌の見えるメガネみたいなものがあったら納豆菌だらけかもしれません。

我が家の納豆作りでは、自然の稲わらについている納豆菌だけでなく、市販の納豆菌も利用しています。これは絶対に失敗しないぞ！　というおまじないのようなもの。やわらかく蒸した大豆に納豆菌をまぶし、煮沸消毒した稲わらではさんだら、40度前後で24時間保温すればできあがります。笹の葉やレモングラスなどイネ科の植物には枯草菌が多いので、身近な植物で作ることもできます。

自分で作った納豆は、大豆の味が濃く粘りも強く濃厚で、一口で満足するほど。飲みすぎた日や胃もたれしているときなどは、納豆を薬代わりに口にしています。

こだわりの梅干し

梅干し作りの名人だった祖母の背中を見て、私も梅干しを作り始めたのは20年ほど前。梅と塩と赤じそだけという極めてシンプルな材料ながら、作る人によって不思議と味わいやできあがりが違うのが奥深いところです。

私のこだわりといえば、できるだけ樹上で完熟させた無農薬の黄熟梅を使うこと。塩はミネラルの多い天日塩。赤じそは自家製。夏の土用明けに3日間干すときは、昼間干したら夜は梅酢の上がった瓶に戻すこと。干しあがったら再び梅酢の瓶に戻すこと。こうやって挙げてみると結構こだわりがありましたね。そうしてふっくらしっとりとした真っ赤な梅干しができあがるわけです。

葉山の家の庭には、もともと1本の古い梅の木がありました。息子の大地が生まれる年に、この庭の梅１００粒で「大ちゃん梅干し」なるものを作りました。毎年、誕生日に1粒ずつ食べて、１００歳まで長生きしてほしいという願いを込めて作ったものです。小さいときは酸っぱくて食べられなかったものの、今は誕生日になると「大ちゃん梅干し食べなくちゃ」と自分で言うようになったのは嬉しいものです。

2012 大ちゃん梅干し
毎年 誕生日に 1粒ずつ
100歳になるまで
カリカリ梅 にがり入り
2020.6 梅1kg 塩10%

毎年恒例の１００本たくあん

縁側の先の軒下に、ずらりと干された１００本の大根。我が家の冬の風物詩です。まずは毎年、無農薬の練馬大根を畑で掘り起こすところからたくあん作りは始まります。それは長くて細いので大変な作業です。冷たい水で洗って泥を落とし、麻ひもで2本ずつ束ねて竹竿に吊るすこと2週間。水分がしっかり抜けて、半分ぐらいの太さになったら、４斗樽に漬け込みます。生ぬかと塩と唐辛子と昆布、そして砂糖の代わりにりんごや柿など果物の皮を干したものを甘味づけに加えています。

食べ始められるのはそれから1カ月後。ほどよい酸味にコリコリとした食感。食欲をそそる美しい黄色。乳酸菌と大根の辛味成分が反応して、自然に黄色く染まるのです。それから初夏まで、気温の上昇とともにどんどん酸っぱくなっていきますが、この酸っぱい古漬けが味わえるのも自家製の醍醐味です。乳酸菌たっぷりで自然な酸味と甘味のバランスの取れた１００本たくあんは、我が家ではもちろん、自主保育の子どもたちやはかり売りでも大人気。しっかりと発酵させたたくあんは、やはりひと味違うと自負しています。

食卓を彩る季節の漬け物

基本の保存食や発酵食のほかに、季節ごとにいろいろな漬け物も作っています。春はやわらかな春キャベツを使ったザワークラウト。大地の好きなものベスト3に入るらしく、キャベツ1玉まるごとで作ってもあっという間になくなってしまいます。

夏のしば漬けも、私の得意な漬け物の一つ。一般的にはきゅうりやみょうがなどを加えて、発酵させずに梅酢で酸味をつけたしば漬けが多いと思いますが、私はなすと赤じそと塩だけでしっかり乳酸発酵させた本格的なものが好み。なすや赤じその色素と乳酸菌が反応して、なすが驚くほど鮮やかに紅く染まるのですが、この色の変化も見どころです。しば漬けには、「プロテクト乳酸菌」という京都のしば漬けから発見された乳酸菌が含まれています。これはＮＫ細胞などの免疫細胞を活性化して免疫力を上げる働きがあるといわれています。研究の結果、インフルエンザへの効果も期待されているそうですから、今こそ注目したい発酵食品の一つです。

冬は白菜漬けやべったら漬けも定番です。白菜漬けは塩だけで乳酸発酵させますが、白菜でなければ出ない独特のうま味や風味があり、いくらでもごはんが進みます。べったら漬けは市販のものが甘すぎて食べられないので、自分で甘酒を利用して作るようになりました。すっきりとした穏やかな甘味で、白く麹をまとった姿が美しい、冬らしい漬け物です。

べったら漬け

材料（作りやすい分量）

大根　500g

塩　20g（大根の重量の4％）

甘酒　適量

赤唐辛子　1本

昆布　5㎝角1枚

作り方

❶　大根は太いものは皮ごと縦半分に切る。赤唐辛子は種を取ってちぎる。昆布は細切りにする。

❷　厚手のポリ袋に大根を入れ、塩を全体にまぶし、大根の重さの2倍の重石をして2〜3日下漬けする。

❸　大根から出た水分を捨て、水気をふき取る。ポリ袋に大根を入れ、甘酒をかぶるぐらい注いで、赤唐辛子と昆布を加える。

❹　袋ごともんでなじませ、空気を抜いて袋の口をねじる。容器にポリ袋ごと入れ、大根の重さの2割程度の重石をして冷暗所におく。

❺　好みの酸味になったら冷蔵庫に移す。食べ頃は1週間目頃。冷蔵で1カ月ほど保存可。

白菜漬け

材料（作りやすい分量）

白菜　½個

塩　白菜の重量の2.5％

柚子の皮　¼個分

赤唐辛子　½本

昆布　2.5㎝角1枚

作り方

❶　白菜は軸の中央に切り目を入れて半分に手で裂く。葉先まで包丁を入れると葉がバラバラになるので注意を。

❷　よく洗って3時間〜半日ほど天日に干す。

❸　柚子の皮は白いワタをそいでせん切りに、赤唐辛子は種を取って小口切りに、昆布は細切りにする。

❹　白菜の葉を1枚1枚めくって軸の部分に塩をふり、柚子の皮と昆布も散らす。葉先は塩辛くなりやすいので塩はふらない。

❺　厚手のポリ袋に軸が交互になるように白菜を詰め、赤唐辛子をのせる。しっかりと空気を抜いて袋の口をねじる。水がこぼれやすいので、ポリ袋ごと容器に入れ、白菜の重さの2倍程度の重石をして冷暗所におく。

❻　2〜3日で水が白菜を覆うほど上がったら、重石を半分に減らし、好みの酸味になったら冷蔵庫に移す。食べ頃は2週間目頃。冷蔵で1カ月ほど保存可。

ザワークラウト

材料（作りやすい分量）
キャベツ　½個
塩　キャベツの重量の2％
赤唐辛子　½本
しょうが　1片
クローブ・黒粒こしょう
　各1～2粒

作り方
❶ キャベツは3等分に切ってからせん切りにする。
❷ 赤唐辛子は種を取る。しょうがはせん切りにする。
❸ キャベツをボウルに入れて塩をふり、よくもむ。
❹ しんなりしたら厚手のポリ袋に入れ、残りの材料をすべて加える。キャベツの重さと同量の重石をのせて冷暗所におく。全体が水につかるようになったら重石を軽くする。ぷくぷく泡が出て好みの酸味になったら冷蔵庫に移す。2週間～1カ月後が食べ頃。冷蔵で2カ月ほど保存可。

しば漬け

材料（作りやすい分量）
なす　4本
赤じそ（葉）　なすの重量の20％
塩　なすの重量の6％

作り方

❶ 赤じそは洗って水気をしっかりきる。なすはヘタを取って5㎜厚さのななめ薄切りにする。

❷ 厚手のポリ袋に塩を薄くふり、なすを重ならないように並べて塩をふる。

❸ なすに赤じそを重ね、同じように塩、なす、塩、赤じその順に重ねる。一番上は赤じそと塩で覆う。

❹ 袋の空気をしっかり抜いてから口をねじる。ポリ袋ごと容器に入れ、なすの重さと同量の重石をのせて冷暗所におく。

❺ 2～3日で水がなすを覆うほど上がったら、重石を半分に減らし、好みの酸味になったら冷蔵庫に移す。食べ頃は2週間目頃。冷蔵で1年保存可。

アレンジ自在な甘酒

ドレッシングやソースの調味料として。手作りおやつの甘味として。コチュジャンやべったら漬けなどの発酵調味料や漬け物に。本当にいろいろな使い方ができる甘酒。我が家には欠かせないアイテムで、〝なくなったら作る〟を基本に、常に冷蔵庫に常備している存在です。

50度前後で8〜10時間保温して作るのが一般的ですが、思い立ったらできるだけ早く使いたい！　ということで、邪道かもしれませんが短縮製法も編み出しちゃいました。生の米麹を鍋に入れ、同量の水を加えて弱火にかけます。静かにかき混ぜながら60度まで温まったら火を消してしばらく放置。少し温度が下がってきたら、またまた弱火で加熱し、60度になったら消火。これを繰り返すこと3〜4時間。なんと通常の半分ぐらいの時間で、とろりとあま〜い甘酒ができあがります。

これはもち米を使わずに麹と水だけで作る甘麹と呼ばれるタイプ。もち米を使うものよりあっさりとして料理には使いやすいと思います。乾燥麹を使うときは事前にぬるま湯に浸してもどす時間を見ておいてくださいね。

基本の甘酒

（濃縮タイプ）

材料（作りやすい分量）

もち米　100g

米麹（生）　100g

水　1カップ

作り方

❶ もち米に水を加えてやわらかく炊く。

❷ ①が炊けたら60度まで冷まし、米麹を加えてよく混ぜ合わせる。

❸ 保存容器に移して55〜60度で8〜10時間保温する。

＊65度以上になると、デンプンを糖化する酵素が死滅して甘味が出なくなるので注意を。

＊乾燥麹を使用する場合は、40度程度のぬるま湯50㎖を加えて30分〜1時間おき、もどしてから使用する。短縮製法の甘麹の場合も同様。

＊そのまま飲める甘酒を作りたいときは、炊きあがったごはんに水を100㎖ほど加える。

＊保温は炊飯器の保温機能や保温鍋、保温できるポットや水筒、電気毛布、ヨーグルトメーカーなど好みのもので。

短縮製法の甘麹

❶ 米麹（生）100gを鍋に入れ、水100㎖を加えて弱火にかける。

❷ 60度まで温まったら、火を止めてふたをする。

❸ 鍋の中の温度が5〜10度下がったら再び弱火にかけて60度まで加熱する。これを何度か繰り返し、3〜4時間すると麹がやわらかくとろりとして甘くなる。より甘くしたい場合は6〜8時間保温を。

甘酒チャイ

材料（2杯分）

甘酒　100mℓ
紅茶葉　6g
カルダモン（種を取り出す）　2個
＊サヤも使うので捨てないこと
クローブ　2粒
シナモンスティック（割る）　1本
しょうがの薄切り　2枚
水　2カップ

作り方

❶ 鍋に水とスパイス、しょうがを入れて中火にかける。
❷ 沸いたら茶葉を加えて4〜5分ぐつぐつと煮出して、水にしっかりとスパイスと紅茶の香りを移す。
❸ 甘酒を加えて1〜2分煮たら火を止め、茶こしでこしてカップに注ぐ。

甘酒ソース

材料（作りやすい分量）

甘酒　大さじ3
塩麹・しょうがの絞り汁　各小さじ1
醤油・なたね油　各小さじ2

作り方

❶ すべての材料をよく混ぜ合わせる。
❷ 好みの野菜につけていただく。

米麹作りにはまり中

米麹を自分で作るのはちょっとハードルが高いのでは。そう思っていましたが、昨年、熊本の発酵農園さんに我が家で米麹作りのワークショップを開催していただき、以来、すっかりはまってしまいました。作業は至って簡単で、蒸したお米に麹菌をふりかけるだけですが、麹菌が繁殖するまで、保温しながら2～3日はかかります。でも、その工程がまた菌を育てているようでなんとも楽しく愛おしいのです。

半日ほどでお米に白い斑点がついてきたぞ。1日たったら、わぉ、ほかほかだ。甘い香りもする。2日後には白いかたまりができてきた。3日目には全体が真っ白になったぞ。あとは冷まして完成だ！　という感じで、何度も状態を確かめ、必要があればかき混ぜたり、毛布をかけてあげたり、温度を上げたり下げたり…。世話の焼ける菌たちなのです。できたての麹はほんのり温かく、甘い香りが広がって、思わずそのままパクリ。我が家では子どもも鶏も、麹をそのままおやつ代わりに食べています。

米麹は日本の発酵食品の源。国菌とも呼ばれている存在です。麹が作れれば、味噌も醤油も造れるわけで、今後はさらに自家製度が高まっていきそうです。

米麹

材料（作りやすい分量）

米　1kg

種麹　2g

作り方

❶ 米を水に浸す（夏は3～5時間、春秋は6～12時間、冬は15～20時間）。

❷ ざるにあげて2時間おき、しっかりと水気をきる。

❸ ②を固めに蒸す（沸騰してから30～40分が目安）。

❹ 蒸した米が45度まで冷めたら種麹をまんべんなくまぶす。

❺ ④を清潔な布で包んで、湯たんぽや毛布などで45度になるように保温する。

❻ 16～20時間後、米に白い斑点がつき、甘い香りがするようになるので、混ぜて繁殖を促す。温度が38～45度になるように保温する。熱い場合は広げて冷ます。

❼ さらに5～6時間後、発酵が進んで温度が上がるので、38～42度で安定するように毛布をかけたり、反対に手でかき混ぜたり、皿をかませたりして底上げし、温度を下げる。

❽ さらに10時間後、麹がかたまりになってきたら天地返しをする。温度は38～42度で安定させるように。

❾ さらに16時間後、全体が白くなったら完成。冷まして冷蔵で保存。1カ月を目安に使い切る。

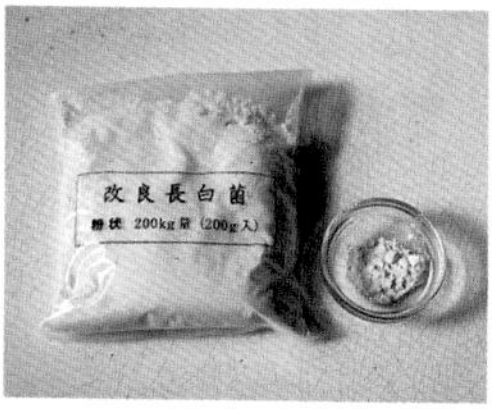

種麹となる改良長白菌200g。
およそ200kgの米麹が作れる。

米麹で作るパン酵母

自家製の米麹を使って、パンを焼くための酵母を作っています。この米麹酵母やパン作りは、マドマドキッチンの鎌田利恵さんのワークショップに参加して教えていただいたものを、自分なりに作りやすいようにアレンジしたものです。

材料（作りやすい分量）

米麹　40g

ごはん　100g

酒粕（元種）　大さじ1

水　100ml

作り方

❶ 清潔な瓶に60度以下に冷ましたごはんと水を入れてよくかき混ぜる。

❷ 米麹と酒粕を入れてさらによく混ぜる。

❸ 1～2日常温におき、ぷくぷくと発酵してお酒の香りがしてきたら冷蔵庫に移す。

＊冷蔵で2～3週間は発酵力を落とさずにパンを焼けます。

＊少なくなったら残っている酵母を酒粕の代わりに元種として、同じ分量をつぎ足しして使っています。

米麹酵母のチャバタ

材料（作りやすい分量）
国産強力粉　300g
米麹酵母　24g
塩　6g
水　225㎖

作り方

❶ ボウルに強力粉、塩、米麹酵母、水を入れてカードなどで混ぜ合わせる。

❷ 15分ほどおいて、カードでまわりからすくい上げるようにしながら、粉っぽいところがないように再び混ぜ合わせる。このとき、こねないようにする。

❸ ふたのできる容器に移してふたをする。真夏以外は常温で一晩おいて（常温で8〜9時間。真夏は冷蔵庫に）、ゆっくり発酵させる。

❹ 3倍ぐらいに膨らんだら、生地の縁に強力粉（分量外）をふり、カードを差し込んでぐるりと一周させ、容器を逆さにして打ち粉をたっぷりふったクッキングシートの上に取り出す。

❺ 生地の左右を持って中央で合わせるように折りたたむ。次に上下を持って中央で合わせるように折りたたむ。クッキングシートごと生地を裏返す。

❻ カードで好きなサイズに切り分ける。オーブンにスチーム用の石を入れて300度に予熱し、石に熱湯をかけて蒸気を上げて扉を閉め、3〜7分おく（スチームオーブンの場合は不要）。250度で8分、220度で5分焼く。

＊私はふた付きのグリルパンを使って魚焼きグリルで焼いています。これだとすぐに高温になるので予熱は不要。ふたがあって蒸されるので、スチーム用の石も不要です。

米麹酵母のピザ

材料（作りやすい分量、６枚分程度）

国産強力粉　３００ｇ
米麹酵母　24ｇ
塩　４・５ｇ
水　１６５㎖
トマトソース　適量
モッツァレラチーズ　適量
パクチー（葉と種）　適量

作り方

❶ ボウルに強力粉、塩、米麹酵母、水を入れてヘラなどで混ぜ合わせ、ひとまとめにする。
❷ 30分おいたら1〜2分こねる。
❸ ふたのできる容器に移してふたをする。真夏以外は常温で一晩おいて（常温で8〜9時間。真夏は冷蔵庫に）、ゆっくり発酵させる。
❹ 3倍ぐらいに膨らんだら、生地を6分割する。
❺ 1つ取って手のひらで丸め、台の上で麺棒を使って丸くのばす。
❻ トマトソースをぬり、チーズをのせて、熱したピザストーンの上に置いて魚焼きグリルで1〜2分焼く（オーブンで焼いてもよい）。パクチーをのせる。

何でも発酵ドリンクに！

野菜や果物、植物の葉や樹液には、酵母菌や乳酸菌などさまざまな微生物が付着しています。これら微生物の働きを利用して、何でも発酵飲料にしています。材料は、果物や野草など自然の微生物のついている素材とはちみつ、そして水だけ。はちみつの糖の浸透圧を利用して果物や野草のエキスを抽出し、酵母菌などの微生物が糖分やタンパク質を分解したり、新たなうま味成分や炭酸ガスなどを合成することで、ほんのりと酸味や甘味のある発酵ドリンクになるわけです。

メカニズムはシンプルですから、素材を替えたり組み合わせを工夫したりして、アレンジは無限に広がります。いちごとハーブやスパイスの組み合わせ、柑橘《かんきつ》だけのミックス、そして春はからすのえんどうやなずな、よもぎにハルジオンなど食べられる野草や野の花を組み合わせるのもお気に入り。プクプクと発酵してくる様子がかわいく、美しく、好みの発酵度合いで止められるのも手作りならでは。そのまま飲んでもおいしいのですが、私は日本酒にちょっと加えて、W発酵ドリンクとして飲むのが最近のお気に入りです。

（左）きんかん、レモンなどの柑橘とローズマリー　（中）いちごとクローブ、ミント　（右）キウイと野草

発酵ドリンク

材料（作りやすい分量）

お好きな素材　容器の半量程度

はちみつ　大さじ1

かぶるほどの水

作り方

❶ 好きな素材を酵素や微生物が働きやすいように適当な大きさにカットして保存容器に入れる。好みでハーブやスパイスなどを加える。はちみつをたらして混ぜ合わせる。

❷ しばらくおいて素材から水気が出てきたら、かぶるぐらいの水を加えてかき混ぜる。

❸ 常温におき、毎日かき混ぜると2〜3日で発酵してくる。好みの発酵度合いで、茶こしでこしてドリンクのみ冷蔵庫で保存する。こし終わった後のフルーツなどは煮詰めてソースやジャムにしても。

おわりに

1年ほど前、「発酵暮らし」というテーマをいただき、我が意を得たり！　と思って書き始めたものの、気づいたら発酵食という世界を飛び出して、菌との付き合い方や環境問題、子育て、コロナウイルスについてなど、ずいぶん話がそれたり膨らんだりしてしまいました。とくに離乳食以後の子どもの食については、質問されることが多かったので、今の私の考えをまとめて記す、とてもいい機会だったと思っています。

おそらく私たち家族よりももっと自給自足的な暮らしをしている人たちや、厳しい自然環境の中で格闘している方もたくさんいらっしゃると思います。でも、暮らし方は十人十色。正解はないのですから、現在進行形の私たちにとっての心地よい暮らしの形を素直に書かせていただきました。誰もが心の奥で思い描いている〝理想の暮らし方〟に、ただまっすぐに従って生きる人たちが増えたらいいなぁと思います。

最後に、いつもやわらかな微笑みでお尻を叩いてくださった編集の小島朋子さん、生き生きとした力強い写真を撮ってくださった在本彌生さん、素晴らしいアイデアでディレクションをしてくださったデザイナーの福間優子さんに、この場を借りて感謝いたします。そして、ともに暮らしを楽しめる主人と大地にも感謝を込めて。

山田 奈美　やまだ・なみ

「食べごと研究所」主宰。「東京薬膳研究所」の武鈴子氏に師事。東洋医学や薬膳理論、食養生について学ぶ。雑誌やＷＥＢなどで発酵食や薬膳レシピの提案や解説を行うほか、神奈川県・葉山の自宅「古家１６８１」にて、「和食薬膳教室」「発酵教室」などを開催。日本の食文化を継承する活動を行っている。「発酵教室」ではぬか漬け、梅干し、たくあんなどのお漬け物の作り方も取り上げ、幅広い世代に人気。著書に『少量でもおいしい 体にやさしい 季節のお漬けもの』『旬を楽しむ梅しごと 梅干しから梅酒、毎日の梅レシピまで』（ともに家の光協会）、『ぬか漬けの基本 はじめる、続ける。』（グラフィック社）などがある。

菌とともに生きる

発酵暮らし

２０２１年８月20日　第１版発行

著　者　山田奈美
発行者　河地尚之
発行所　一般社団法人 家の光協会
〒１６２−８４４８
東京都新宿区市谷船河原町11
電話 ０３−３２６６−９０２９（販売）
０３−３２６６−９０２８（編集）
振替 ００１５０−１−４７２４
印刷・製本　図書印刷株式会社

ISBN 978-4-259-56697-5 C0077

撮影　在本彌生
ブックデザイン　福間優子
編集　小島朋子
校正　安久都淳子
手すき和紙制作　春日泰宣
ＤＴＰ制作　天龍社
＊55、87下、88ページの写真は山田さん提供

Special thanks
SHO farm
よしもりまきば
醤油絞り師 今西徳之さん
発酵農園
マドマドキッチン